中共《反分裂國家法》的戰略意涵

陳亦偉　著

認清《反分裂國家法》的真正面目

淡江大學國際事務暨戰略研究所教授　林中斌

2005 年 3 月中共推出《反分裂國家法》，當時國內藍綠為了不同的政治考量，雙方多數人都認為反分裂法是「為武力攻台在法律上所作的準備」。藍營為凸顯執政的民進黨處理兩岸關係失敗、綠營為凸顯中共犯台意圖，均把反分裂法朝動武的角度解釋，其實這些都是「政治正確」的誤判。從反分裂法通過後目前北京的作為來看，驗證了：反分裂法是中共對台積極進行柔性攻勢之法；北京一方面持續推動惠台措施，一方面假手美國制壓台獨聲浪，北京成了幕後的「影武者」，既穩固了「聯美制台（獨）」的統一戰線，也避免造成台灣民眾反感。

中共近年來積極研究中國古代傳統戰略思想。中國傳統的戰略特色與西方戰略特色的不同，在於：一、中國人重視群體與保家衛國觀念，較傾向守勢。西方人強調個人，注重對外發展（擴張）以求生存，較具攻勢；二、時間彈性大。中國人出手注重尋求時機、不急於一時、靜待態勢有利順勢解決。西方人向以直線思考，對解決問題有急迫性；三、哲學性。中國人講求「師出有名」，著重「奇

正」、「虛實」交相運用，西方人則相反。此外，中國戰略特色重視非戰性（不戰屈人之兵）、重視非軍事因素（經濟、心理、文化），善長將負面因素正面運用（哀兵必勝）。如果不能對中國傳統戰略特色稍加了解，不容易精確掌握中共對台手段的真正目的。

反分裂法與其說是個「武力攻台法」，還不如說是個「非武力統台法」。據說反分裂法通過後，北京國台辦的口頭禪是：「不交流便違法」。據大陸學者說，2005 年 6 月國台辦主任陳雲林感嘆：「我們成立以來，士氣從未如此高過！」而北京對台的鷹派嘴巴卻被反分裂法堵住了。無論從《反分裂法》通過後北京對台的作為、法條的文字及其內容來看，它的重點在用經濟、文化、社會等力量達到統一的目的。反分裂法真正的意涵是對用武增設緩衝，從而讓以非武力方式對台的部門放手從其他領域進攻。

我們研判敵情，要分清主攻與佯攻（或次要攻勢），判斷錯誤、花精力在對方佯攻上，那麼在對手主攻方面我們就虛弱了。正如我在反分裂法通過一年後的評論，我們一直把時間、精力、財力放在中共會打我們的劇本上，但中共發動另類攻勢，用農業、金融、旅遊、台生優惠、春節包機……，讓台灣非軍事領域門戶洞開，內部爭執不休、自亂陣腳，現在問題已經不是中共要打過來，而是運用全方位的手段「不戰併台」。

亦偉任職於中央通訊社，藉由新聞工作，他能更快從每日大量資訊中掌握相關領域的脈動。他利用就讀研究所的機會撰成「中共反分裂國家法的戰略意涵」這本論文，對反分裂法的意涵與真正目的，提出有別於台灣主流觀點的見解，尤其他充分蒐集、運用美中重要的智庫意見與報告作為分析佐證，並提出台灣因應反分裂法的

建議。希望這部關於兩岸及美中台關係的著作，能提供國內相關領域研究人員新的參考方向，讓大家正視國家安全議題的重要性。

衝撞美中底線絕非台灣上策

國民黨大陸事務部主任　張榮恭

　　2005 年 3 月中國大陸制定《反分裂國家法》,把歷來對台政策與政治立場法律化,雖然兩岸交流腳步並未停歇,但受到民進黨不斷嘗試「法理台獨」、衝撞台海現狀,使兩岸關係仍然嚴峻。

　　美國與中國大陸近年關係發展迅速,肇因於反恐、防核擴、經貿、能源等議題,雖然當中有共同利益也有分歧利益,但不影響雙邊互動日趨密切的態勢,使得中共增加了「以美制台(獨)」的籌碼。而台灣在民進黨政府連拋「一邊一國」、「正名制憲」、「廢統」、「入聯公投」等衝擊性議題,對內製造統獨對立與文教去中國化等舉動,既憑添兩岸緊張,又破壞台美關係,反促成美中在「共同維護台海穩定」上出現共同利益,台灣在美中台三方架構內自我邊緣化,成為最大輸家。

　　國際社會(尤其美國)歷來對台海出現緊張局勢的反應,都制約了中共進一步的冒險念頭,而美中對台海現狀的共同底線,是防止「法理台獨」。台灣若不停衝撞這道底線,扮演「麻煩製造者」,只會改變該項制約,降低國際對台灣的支持,其結果必將讓中共能

更輕易地解決「台灣問題」。亦偉在其研究中，歸納出《反分裂國家法》的戰略意涵、提供台灣化解困局的因應之道，其研究成果應獲得重視。

自序

　　《反分裂國家法》出台後，各方看法不一。就當台灣內部為反分裂法的目的爭論不休之際，北京啟動全新風貌的涉台工作，在此同時，面對台灣拋出衝擊性議題，中共不再出現大規模文攻武嚇，反而是美國站上滅火的第一線。這是否意味，中共有意藉反分裂法，營造「聯美遏獨」統一戰線，並藉此掌握台海問題的戰略主動權，以確保國家發展腳步不被台獨打亂，再透過柔性惠台政策，以促使兩岸情勢出現有利統一的氛圍，始終是我的假設。

　　雖然《反分裂國家法》出爐後，分析反分裂法目的、意涵的學術論著越來越多，然而相關論著或將反分裂法視為北京對台動武的戰爭授權法；或僅就反分裂法違反國際法提出批評；或僅從反分裂法與法律戰等單一面向議題研析。對於反分裂法蘊含「依法對台交流」、強化美中「穩定台海局勢有共同利益」等層面的深入分析似猶未見。基於此動機，我嘗試藉更廣泛的資料蒐整與深入探究，對中共《反分裂國家法》戰略意涵的虛實，做客觀探討，並以論文方式呈現研究內容，期能彌補目前相關研究之不足。

　　承蒙恩師林中斌博士與曾復生博士指導與鼓勵，讓這本論文得以順利完成。其次，最要感謝的是我的母親段金南女士，給予我一切物質條件與精神支持，並幫我照料愛子，讓我得以無後顧之憂專心撰文；另一個要感謝的是我的妻子齡嬌，為我打理家務、叮嚀提醒，並以她的經驗幫我解決無數撰文遇到的問題。

此外，若無秀威資訊及相關人士提供協助，這本書難以順利付梓，在此一併致上最深的謝忱。

最後，謹將此論文獻給我最敬愛的先父

陳亦偉　謹誌

中華民國 96 年 8 月 1 日

中共《反分裂國家法》的戰略意涵
目　錄

圖表目錄

第一章

緒　論

　　本文是為探討中共制定《反分裂國家法》的戰略意涵。首先，從台灣兩岸政策出現結構性變化探究中共制訂反分裂法的緣由。其次分析《反分裂國家法》的內容及立法通過後的各方反應。再根據中共「和平發展」的國家戰略以及美中關係演變，探究中共立法的戰略意涵及對美中台互動關係的牽動。最後再歸納研究結果並提出中華民國的因應對策。

第一節　研究動機

　　本文研究的主要動機是為了解：中共制訂反分裂國家法的目的，以及中華民國應如何因應局勢的轉變。中共「中央電視台」在2004年12月17日宣布，將於全國人大常委會審議《反分裂國家法（草案）》，中共官方首度將反分裂法的實施進度具體批露。隨後在2005年3月14日中共第十屆全國人民代表大會第三次會議中，以懸殊票數正式通過《反分裂國家法》，由中共國家主席胡錦濤明令公布。

　　中共推出《反分裂國家法》後，各界看法不一，有人認為這是中共武力犯台的戰爭授權法，也有人認為反分裂法通過後有助台海穩定。就在台灣內部為反分裂法的目的爭論不休之餘，北京一方面啟動全新風貌的對台工作、提出一系列柔性惠台政策，另一方面，面對台灣拋出「終統」、「四要」等衝擊性議題時，中共不再出現類似1995、1996年大規模文攻武嚇，反而是美國站上滅火的第一線，要求台灣剋制。這是否意味，中共有意藉反分裂法，來營造「聯美遏獨」的統一戰線，並藉反分裂法來掌握台海問題的戰略主動權，以確保國家發展腳步不被台獨打亂，然後進一步透過新的對台工作，以促使兩岸情勢出現有利統一的氛圍，值得吾人關心。希望經由研究，找出有別於當前台灣主流意見的反分裂法戰略意涵與價值，是筆者最主要的研究動機。

壹、中共出現新的對台工作思維

中共第四代領導人對台政策與過去不同,具有「反獨重於促統」、「以武反獨轉為以法遏獨」、「軟硬交相運用」的特色[1],尤其自2005 年起邀請台灣在野國親兩黨主席訪問及陸續推出惠台政策後,突破了兩岸自「兩國論」以來相互被動的態勢。中共希望控制兩岸情勢、全力遏阻台獨的發展,以便把握機遇,建構兩岸關係的和平(統一)架構,進而藉發展讓台灣人民發現中國的強大和統一的好處,屆時自然和平統一機會提升、台獨威脅降低[2],兩岸關係就會產生根本性的變化。

貳、北京不容國際插手台海的立場發生轉變

國家主席胡錦濤將兩岸關係介定為「九二共識下的一中原則」[3],使北京在兩岸關係認知上,開始與台灣內部(至少泛藍板塊)出現某種程度重疊,也拉近與美國維持台海現狀的認知差距。胡錦濤更利用與美國總統布希見面的機會,於 2004 年 11 月的 APEC 領導人非正式會議期間會見美國總統布希,提出「共同遏制台獨」、「希望美方同中方一道為維護臺海和平穩定、反對台獨來努力」[4]。這種類

---

[1]　〈胡錦濤對台新思路:從反分裂國家法談起〉,《大陸情勢雙週報》,第 1456期,(台北:中國國民黨中央政策會,2005.3.16),中國國民黨全球資訊網,www.kmt.org.tw

[2]　楊開煌,《出手——胡政權對台政策初探》(台北:海峽學術,2005),p.108

[3]　〈胡錦濤會見連戰和參加兩岸經貿論壇的台各界人士〉,《新華網》,2006.4.16 http://www.gov.cn/ldhd/2006-04/16/content_255504.htm

[4]　〈胡錦濤主席會見美國總統布希〉,《新華網》,2004.11.20,news.

似「經美制台（獨）」的新作為，與過去中共屢次強調台灣問題不容
國際插手，出現某種程度轉變。

第二節　研究目的

　　目前國內對《反分裂國家法》的主流看法，大多僅著眼於反分
裂法「是戰爭授權法」、「片面升高台海緊張」等認知，是否反分裂
法背後的戰略意涵果真如此，實宜多方研究。筆者認為，藉由多面
向的資料來研究北京制訂反分裂國家法的背景與意圖達成的戰略目
標有其必要，也是本研究的目的。

壹、找出反分裂法真正戰略意涵

　　中共領導人多次強調，要把握所謂「本世紀最初二十年的戰略
機遇期」，全力提升綜合國力。為達成此目前，北京需要營造一個相
對穩定的內外環境，尤其必須避免此刻因台獨議題被迫動武，阻滯
國家發展，必須有一套機制，能舒緩鷹派受台獨挑釁的壓力，並讓
北京重新掌握台海動向的主導權，以符合「和平發展（崛起）」的國
家戰略目標。

---

xinhuanet.com/world/2004-11/20/content_2241550.htm；〈胡錦濤與布希共同會
見記者〉，《新華網》，2005.9.14，news.xinhuanet.com/world/2005-09/14/content
_3488699.htm

　　此外，目前國內一般研究反分裂國家法者，大多僅著眼於反分裂法「是戰爭授權法」、「片面定義台海現狀」等，提出的建議則多主張「兩岸應儘速對話」、「北京應捨棄法律威嚇、實地發展民主」等，流於空談，畢竟兩岸能否重啟談判，雙方都有責任，而中國大陸如何發展民主、國家發展走向如何，與台灣的國家安全並無因果關係，中國大陸走向民主後，並不意味兩岸就不會發生戰爭[5]。

貳、研究中共法律戰

　　中共於 2003 年 12 月公布的「中國人民解放軍政治工作條例」，確立「三戰」——輿論戰、心理戰、法律戰作為解放軍的政治工作新要項，而中國大陸政、學界提出以制訂法律來宣示國家對台政策由來已久。《反分裂國家法》制訂後，中共官、學界的口徑一致地認為，這部法「非但不是戰爭法，而是維護台海和平的法律」，更是制約美國以「台灣關係法」干涉中國內政的法律[6]，並藉由加強對台交

---

[5] 澳洲戰略政策研究所（Australian Strategic Policy Institute）於 2006 年 2 月發表一篇名為「懸而未決：中國空前的成長及其對亞太地區的意義」（In the Balance: China's unprecedented growth and implications for the Asia-Pacific）為題的報告，認為中共可能變得更開放，更能容忍異議，但這種政治開放可能為民族主義與民粹主義等力量打開大門。採行威權體制的中共行止非常容易預測，反之，中國若變得更開放、更民主，其內政及外交政策反而可能出現一些新變數，到 2020 年甚至可能讓東亞國家面臨新挑戰。可參閱該報告第 4 頁。

[6] 中共總理溫家寶表示，反分裂法是加強和推進兩岸關係的法，是和平統一的法，不是針對台灣人民，也不是「戰爭法」，這部法律是遏制和反對台獨勢力，不是改變兩岸同屬一個中國現狀的法律，是有利於台海地區和平與穩定的法律。採用非和平方式不是大陸所願見，只要有一線希望，大陸就會盡最大努力推進和平統一。請參〈反分裂法通過　溫家寶：非戰爭法〉，《中國時報》2005.3.15.A2。大陸涉台學者李家泉則認為，反分裂國家法一為內制台

流緩和國際疑慮。若《反分裂國家法》是北京對台法律戰的先聲，吾人必須抓對中共思維的真正方向，才是化解反分裂法衝擊的成敗關鍵。

參、研究方向

根據美國國防部出版的《軍事及有關名詞辭典》（Dictionary of Military and Associated Terms）的定義，戰略一詞是指「在平時和戰時，發展和應用政治、經濟、心理、軍事權力以達到國家目標的藝術和科學」[7]。戰略家薄富爾（Andre Beaufre）在討論現代意識的大戰略時則認為，「力量的節約」與「行動的自由」，是戰略的典型規律[8]。薄富爾將現代意識的戰略稱為「總體戰略」，並區分為「行動戰略」與「嚇阻戰略」，前者以非軍事權力為主，後者以軍事權力為主。薄富爾認為，嚇阻是防禦的、消極的、被動的；行動是攻擊的、主動的；嚇阻雖然重要，但最多只能維持現狀，唯有主動、行動，才能開創新局。薄富爾又將非軍事權力的行動戰略區分為直接戰略與間接戰略，而直接戰略中還可細分直接與間接路線[9]，做為達成行動戰略手段的描述。薄富爾的戰略觀念可圖解如下圖 1-1。

灣通過「修憲」或「制憲」來分割兩岸主權達成法理台獨，二是外制美國以「國內法」干預中國內政的「台灣關係法」，請參 http://big5.chinataiwan.org/web/webportal/W2001034/Ulybo/A193191.html

[7]　鈕先鍾，《戰略研究入門》（台北：麥田出版社，1998 年），p.30

[8]　薄富爾，《戰略緒論》（An Introduction To Strategy），鈕先鍾譯（台北：麥田出版社，1996 年），p.44

[9]　鈕先鍾，《戰略研究入門》，p.107

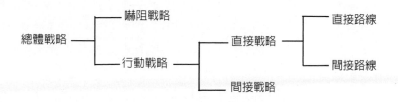

圖 1-1　薄富爾戰略觀念系統圖

資料來源：鈕先鍾，《戰略研究入門》（台北：麥田出版社，1998 年），p107

　　找出中共制訂反分裂法的戰略意涵、檢視反分裂法是否足供北京經略台海時達到「行動的自由」、「力量的節約」，以符合薄富爾「總體戰略」的架構，是本文研究重要方向之一。

　　本文的研究方向還包括：

1. 反分裂國家法的立法來由
2. 反分裂國家法的內容與法理探究
3. 反分裂國家法通過後各方反應
4. 反分裂國家法通過的兩岸情勢
5. 中共制訂反分裂國家法的戰略意涵
6. 未來美中台互動變化與中華民國的因應之道

第三節　研究範圍與限制

　　本文研究範圍是從中共對台政策出發，觀察中共對台法律戰緣起、胡錦濤時期對台政策轉變，區分為時間範圍與空間範圍；研究

限制方面，分別受限第一手立法背景資料、中共官員訪談內容難以取得，加上中共對資訊有所管制，以及議題新穎，相關研究文獻較少，在文獻收集的周全上有其限制。

壹、研究範圍

本研究概分為「時間範圍」與「空間範圍」，前者主要在確立與反分裂法相關的時間區段，後者則是明確研究對象主體。

時間範圍主要以 2001 年後，中國大陸學界發出制訂相關法律的呼聲做為研究主題的時間起點，至於迄點則定於 2007 年台灣提出「第二共和憲草」議題。這段期間台灣民進黨政府接連拋出一邊一國、公投、制憲正名、終止國統綱領與國統會運作、四要等議題，衝擊美中台三邊關係，正好檢視中共蘊釀反分裂國家法的背景，以及意圖藉立法達成的目標。

在空間範圍上，本論文研究對象是以台灣與中共為主體，內容將敘明雙方政府對一中意涵、兩岸關係定位的政策演變，並兼析美國及其他國家與北京的外交關係變化、一中立場，同時將內容範圍盡力界定在政治與外交方面，使研究課題更為精準細緻，避免流於龐雜空範。

貳、研究限制

本研究雖然可以蒐集到許多關於反分裂法的資料，並藉由其內容之分析來探討反分裂法之影響與重要意涵，但受限第一手立法背

景資料、中共官員訪談內容難以取得，加上中共對資訊有所管制，以及議題新穎，相關研究文獻較少，在文獻收集的周全上有其限制。此外，反分裂法通過至今的時間仍不算長，藉以評估其影響性的事件較少，也是研究限制之一。

此外，質化研究之文獻分析為研究者根據文獻之主觀分析，因此建議未來相關研究進行後續評估時，隨著更多資訊釋放，可輔以深度訪談取得更多第一手資料，或是利用內容量化分析之方式，來作為未來研究之評估方法修正，以更臻研究之完整性。

第四節　研究方法與架構

研究方法屬於社會科學領域中做為研究的應用工具，提供研究者一些合情合理的科學方法，為探討的現象找出客觀合理的理論與解釋[10]。本文研究方法與架構分別以文字與圖表說明。

壹、研究方法

本文的研究方法以文獻分析法（document analysis）為主，文獻分析法是一種系統化的客觀界定、評鑑與綜合證明的研究方法，以確定過去事件的真實性。主要目的在瞭解過去、洞悉現在，並預測未來[11]。論文撰寫上，藉文獻分析來歸納整理相關文件，在探討美、

---

[10] 王玉民，《社會科學研究方法原理》（台北：洪葉出版社，1994.12）p.12
[11] 陳偉華，《軍事研究方法論》（桃園：國防大學，2003.7），p.143

中、台三方立場與政策主張方面，以三方政府部門所發布的官方資料、法條內容、政策宣示、重要相關主管官員談話，以及相關法令公報等，作為政策立場研究的資料來源。

在反分裂法的消息揭露後，美、中、台及其他國家對問題看法的演變，透過官方文件、網路資料、報章等公開資訊交叉驗證，提高資料可信度。在分析方面，尤須參考各種相關學術論著與中外重要智庫研究報告。

根據研究，美國各智庫（think tanks）透過十種途徑影響美國外交政策：一、智庫人員在政府部門任職；二、利用總統大選為候選人出謀劃策；三、重視與國會關係；四、與政府部門和機構維持某種固定管道；五、透過公共活動與外交政策制定者交流；六、有針對性地舉辦研究班、演講，邀請政策制定者參與研究項目；七、藉大眾媒體間接影響外交政策；八、出版著作或提交報告；九、定期出版專門外交期刊宣傳其理念；十、透過國際交流提升地位，增加對政府的影響力[12]。美國智庫「旋轉門現象」明確，且逐漸成為國會的幕僚機構之一，各智庫內大量的學者精英，都可能成為美國制定對華政策的提供者或影響者[13]。中國大陸近年亦出現類似狀況，被視為中共高層智囊的大陸學者王緝思指出，在大陸，國際問題學者經常受外交、國防、經濟等決策部門諮詢，並鼓勵學者暢所欲言，以達為政府獻計獻策的目的[14]。在無法取得更多美中政策制訂與形

---

[12] 中國現代國際關係研究所，《美國思想庫及其對華傾向》（北京：時事出版社，2003），pp.48~63

[13] 郭壽旺，〈智庫影響美國兩岸政策之管道〉，《華府智庫對美國臺海兩岸政策制定之影響》（台北：秀威資訊，2006）pp.98~pp.107

[14] 王緝思總主編，《中國學者看世界 5——國際安全卷》（香港：和平圖書，

成的一手資料下，本研究必須藉助智庫及相關學者文獻整合研究，作為分析依據。

　　除文獻分析法，本文另輔以歷史研究途徑，藉蒐集、評析以往的事件與史料，了解事件前因後果，以利分析現狀及未來趨勢的預估。本文將論及反分裂法的歷史緣起、中共對台政策的改變等，藉由政策的起始與轉折，做為研究的背景資料。

貳、研究架構

　　本研究主要在探討中共反分裂的戰略意涵，全篇區分為緒論、本論、結論三大部分，本論區分為四章十二節。本文的研究架構與邏輯流程如下頁圖 1-2

2006.7），導論，pp.x~xi

圖 1-2　研究邏輯流程圖

為探討中共制定反分裂國家法的戰略意涵

從台灣兩岸政策出現結構性變化探究中共制訂反分裂法緣由

法律化一系列對台政策，以法遏獨兼達經外制台目的

再分析中共第四代領導人對台思維

反獨重於促統，軟硬交相運用，手段靈活多變

接著分析反分裂法內容

納入一中三段論，明確「和平統一，非和平解決台獨」雙重定調

再分析法條出台後各方反應

加深台灣內部對立；國際只關注未制裁；中共啟動新一輪對台工作

從中共國家戰略層次分析

北京高舉和平發展、和諧世界大旗，對台政策與全球外交接軌

思考台灣應對之道

回歸憲法一中解內耗，加強民主法治、振興經濟、累積台灣實力

根據研究歸納推論及預判

● 具體的觀察：
1. 中共輕啟對台戰端風險是否降低？
2. 北京營造聯美遏獨、共同穩定台海現狀的統一戰線趨勢為何？
● 推論：
1. 台灣內部台獨聲浪可能趨緩、朝野兩岸政策微調。藍綠均可能「重經濟、輕政治、淡化衝突」。
2. 兩岸可能走向和緩良性互動，不排除兩岸能就撤除飛彈、台灣國際空間等議題取得若干突破。
● 未來研究展望：
1. 對美中台三邊互動之研究。
2. 破解反分裂法對台不利箝制之研究。
3. 對兩岸關係和緩前景之研究。

第五節　文獻評析

　　本篇論文的研究，將詳細從台灣兩岸政策出現結構性變化、中共第四代領導人對台思維、反分裂法制訂背景與內容、中外對反分裂法反應等面向，找出《反分裂國家法》與中共國家戰略的關係，從而研判中共制定反分裂國法的戰略意涵。文獻評析是將此類議題相關論著預先進行有系統地整理、歸納、評估，藉研析他人著作的特色、重點乃至不完整處，以強化自身研究的完善性。對於相關學術論著內容摘要與概略評析，請參以下表 1-1。

表 1-1　文獻評析

項次	作者與文獻名稱	內容摘要	評析
一	紀欣編。反分裂國家法立法大震撼。（台北：海峽學術出版，2005 年）。	全書計 5 篇，蒐羅反分裂法立法經過、各方反應、學者觀點與部分文獻附件。以中、港、台媒體自 2004 年 12 月到 2005 年 4 月期間的報導為主要資料來源。	本書匯整媒體報導、評論而成，但資料時間僅限反分裂法立法曝光至立法完成的 5 個月。能幫助研究者初步蒐集資料，較難掌握事件全貌。
二	邵宗海著。兩岸關係。（台北：五南出版社，2006 年）。	全書計 7 篇 20 章，內容詳述兩岸關係問題由來、雙方互動歷史、政策變遷及未來展望。其中第 7 章專門評估與探討反分裂法。	本書以專章評析反分裂法，觀點簡明扼要，並提出反分裂法部分正面意涵（如：反分裂法有限制中共動武之效），屬研究與反分裂法相關議題者必讀的資料。
三	楊開煌著。出手——胡政權對台政策初探。（台北：海峽學術出版社，2005）。	全書計 13 章，分析中共第 4 代領導人對台政策動向。其中第 12 章專門探究反分裂法。	本書探討反分裂法專章因寫作時間於 2005 年 1 月（反分裂尚未通過），因此重點在分析立法背景與可能用意。但全書深入研究胡錦濤對台政策面貌，仍對研究反分裂法有助益。
四	戰略暨國際研究中心（CSIS）與國際經濟研究院（IIE）。重估中國崛起（CHINA：THE BALANCE SHEET）。（台北：聯經，2006）。	全書計 6 章，分析中國崛起帶給美國乃至全球經濟、國際秩序衝擊的挑戰與機會。第 5 章探究美中為台灣是否一戰時，探討北京的對台政策與反分裂法。	雖然本書認為北京隨綜合國力上升，短程目標是防獨重於促統，但對反分裂法的認知仍僅定位在武力遏獨。
五	柳金財。大陸關於統一法擬議之探討：緣起、內容與侷限。（台北：展望與探索，第	本文根據中共歷來對台政策文獻，推測中共制訂統一法的可能方向。	本文屬相關議題早期探討文獻，但仍有助了解立法背景與脈絡。

	2卷第10期，2004年10月）。）		
六	蔡瑋。對中共《反分裂國家法》的分析及國際反應。（台北：展望與探索，第3卷第4期，2005年4月）	本文簡單分析反分裂法條文意涵並討論主要國家對反分裂法態度。	本文提出反分裂法正反意涵，屬國內相關研究者少見，但仍強調反分裂法動武空白授權的疑慮。
七	許光泰。從法律層面評中國《反分裂國家法》（台北：展望與探索，第3卷第4期，2005年4月）	本文以中共立法程序及憲法、刑法、民法等層面探討反分裂法。	本文明確解釋中共立法程序，並提出中共反分裂法具有「13億民意」對抗「2300萬民意」的觀點，也是國內少見論述。
八	洪陸訓。中共的「法律戰」與《反分裂國家法》。（台北：展望與探索，第4卷第1期，2006年1月）。	本文主要探究中共法律戰發展與準備，並探究反分裂法與法律戰關係。	本文因重點在探討反分裂法與中共「三戰」中法律戰關係，有助單一面向研究。
九	胡聲平。國際政治情勢與中共《反分裂國家法》。（台北：展望與探索，第4卷第1期，2006年1月）	本文探究國際對反分裂法的反應及反分裂法帶給美中台互動的變化。	有助單一面向研究。
十	陳長文。《反分裂國家法》與《聯合國憲章》之武力禁用。（台北：展望與探索，第4卷第1期，2006年1月）	本文探究聯合國憲章中武力禁用原則的適用與排除，並檢視反分裂法第8條影響兩岸的各種可能情況。	作者認為兩岸關係與單純國際關係不同，若發生反分裂法第8條狀況，聯合國憲章禁武原則不見得必然適用。
十一	鄧衍森。從國際法論「中國反分裂國家法」有關法理上之問題。（台北：台灣國際法季刊，第2卷第3期，2005年9月）。	本文將兩岸關係視同國際關係，認為反分裂法對國家統一的規範及非和平方式，具有邏輯謬誤及違反聯合國憲章禁武規定。	本文屬國內典型對反分裂法的論述，全部著墨於反分裂法負面意涵。

十二	李明駿。中國「反分裂國家法」與美國「台灣關係法」之比較分析。（台北：台灣國際法季刊，第2卷第3期，2005年9月）。	本文比較反分裂法與台灣關係法兩個美中國內法對台灣可能影響。	本文認為台灣是獨立國家，一方面批評中共以反分裂法的國內法規範台灣毫無根據，另一方面卻贊同美方以台灣關係法的國內法介入台海，邏輯似有矛盾。
十三	吳志中。中國「反分裂國家法」之法律問題。（台北：台灣國際法季刊，第2卷第3期，2005年9月）。	本文援引台灣地位未定論及聯合國憲章禁武原則，批評反分裂法違反國際法。	本文亦屬國內典型對反分裂法的論述，以台灣獨立國家的角度分析反分裂法的荒謬性。無視兩岸關係是否真能完全適用國際關係的主要客觀事實。
十四	閻學通。中國不惜一切代價遏制台獨的政策來源。（紐約：《中國戰略》第三期。多維媒體&美國戰略和國際研究中心CSIS共同出版，2004年7月）。	本文分析中共對台動武與美國武力介入台海的本質，並區隔兩者的關係，從邏輯上解除美中因台灣發生武力衝突的因素。	本文主張為反分裂法提供明確清晰的邏輯論述基礎。
十五	The Military Power of the People's Republic of China 2005 (Washington, D.C.: Offie of the Secretary of Defense, 2005)	美國國防部2005年中共軍力報告，分析中共軍事戰略及軍事現代化動向。	本書第6章探討中共台海戰略時，認為反分裂法是提供北京對台動武的依據。
十六	Thomas J.Christensen。Strategic Asia 2002-03: Asian Aftershocks (Seattle & Washington, D.C.: NBR, 2003)	本文分析中國國家安全戰略目標，以及隨中國綜合國力增強，美國的因應態度，認為美中當前因有反恐及其他合作項目，在台海穩定上兩國有共同利益。	本文雖未論及反分裂法，但由美方重量級學者對美中關係的評述，有助找出反分裂法「聯美制台」的邏輯。

資料來源：本研究整理

　　根據上述評析可約略發現，《反分裂國家法》出爐後，分析反分裂法目的、意涵的學術論著越來越多，然而相關論著或是將反分裂法視為北京對台動武的戰爭授權法；或僅就反分裂法違反國際法部分提出批評；或僅從反分裂法與法律戰等單一面向議題研析。對於反分裂法中「依法對台交流」、美中「台海穩定屬共同利益」等層面的深入分析似猶未見。本文希望能藉由更廣泛的資料蒐整與深入探究，對中共《反分裂國家法》戰略意涵的虛實，做客觀探討，期能彰顯本論文的參考與運用價值。

第二章
反分裂國家法的立法緣起與背景

　　台北在民進黨執政後，陸續拋出「一邊一國」、「公投」、「制憲正名」等議題挑動台海敏感神經，北京為避免自身應對上出現進退失據，決定制定反分裂國家法做為因應。

第一節　台灣對兩岸關係定位的轉變

從民國三十八年中華民國政府播遷來台，到民國八十九年政黨輪替，這期間台灣的中華民國政府由中國國民黨長期執政，大體來說，國民黨政府承認「一個中國」原則，只是一中的內涵與定義與中國大陸不同，但政黨輪替後，民進黨政府改弦更張，不承認一中原則，台灣對兩岸關係定位自此出現重大轉變，也成為牽動美中台三邊的敏感議題。

壹、兩岸關係的變遷

從歷史發展來看，兩岸關係隨不同時空背景產生不同內涵的階段，從中華民國政府遷台到 1996 年台灣首屆直接民選總統這段期間，大致可區分為：一、軍事對立與衝突時期（1949~1978）；二、和平對峙互不往來時期（1979~1987）；三、兩岸民間交流與協商時期（1988~1995）[1]。僅就各階段內容說明如下：

---

[1] 其中第一到第三階段主要係筆者參考行政院陸委會 1995 年發行之《兩岸關係之回顧與前瞻》說帖所歸納而得。

一、軍事對立與衝突時期

　　國內學者認為，這階段兩岸處於緊張對立狀態，台北誓言反攻大陸，北京則揚言解放台灣，兩岸雙方並有數度大規模的軍事衝突。值得一提的是，1960 年北京提出了第一個對台綱領性決策「一綱四目」[2]。這個階段的特點在於，無論是武力進犯乃至製造議題，大陸都處於主動，而台灣被動接招。雙方互動情形可參照下頁表 2-1 的整理。

---

[2]　張亞中、李英明，《中國大陸與兩岸關係概論》（台北：生智，2000）p.208。所謂「一綱四目」，係指周恩來所提的對台政策，一綱：台灣必須統一於中國，四目：1、台灣統一祖國後，除外交上須統一於中央外，台灣之軍政大權、人事安排等悉委於蔣介石。2、台灣所有軍政及經濟建設一切費用不足之數，悉由中央政府撥付。3、台灣的社會改革可以從緩，必俟條件成熟，並尊重蔣之意見，協商決定後進行。4、雙方互不派特務，不做破壞對方團結之舉，《新華網》，http://news.xinhuanet.com/taiwan/2004-12/17/content_2346414.htm

表 2-1　1949~1978 兩岸的基本政策互動

1949-1978	軍事對立與衝突時期	
	大陸第一代領導人	台灣第一代領導人
主要人物	毛澤東、周恩來、朱德	蔣中正
主／被動	主動	被動
政策口號	偏重「武力解決」 卻也不排除「和平爭取」	從「軍事反攻大陸」到 「以三民主義光復大陸」
作法	武力階段 1. 1955 年攻打金門、一江山、大陳，引發第一次台海危機，考驗美國執行《共同防禦條約》的誠意。 2. 1956 年發言「爭取和平解放台灣」。 3. 1957 年毛澤東提出「第三次國共合作」。 4. 1958 年發動「八二三砲戰」，引發第二次台海危機。 5. 「一綱四目」的對台政策。	防禦為主 1. 1954 年韓戰結束，美國與我簽署《共同防禦條約》。 2. 1955 年 1 月美國國會通過《台灣決議案》。 3. 1958 年 10 月美國與我發表《聯合公報》，我光復大陸非憑藉武力，而是三民主義。
	外交手段 1. 1962 年起「外交下手」，每年透過邦交國在聯合國提案。 2. 1971 年進入聯合國。 3. 1972 年與美簽《上海公報》。	外交手段 1. 就中共意欲加入聯合國，積極展開反制。 2. 基於「漢賊不兩立」，1971 年中華民國退出聯合國。
原則	1. 「祖國」即是「中華人民共和國」。 2. 「中央政府」在北京，台灣「地方政府」。 3. 台灣「回歸」後，除「外交必須統一於中央」外，其他軍、政、人事等不插手。	視中共為叛亂團體，堅持漢賊不兩立，要光復大陸，解救苦難同胞。
訴求對象	國民黨、蔣中正	大陸人民

資料來源：張亞中、李英明，《中國大陸與兩岸關係概論》（台北：生智，2000）p.209

二、和平對峙互不往來時期

　　北京與美國建交後，對台灣展開和平統戰，1979 年 1 月中共「全國人民代表大會常務委員會」發表《告台灣同胞書》，提出「和平統一祖國」及「三通」主張，其後又有人大委員長葉劍英提出《葉九條》，以及鄧小平提出「一國兩制」做為其解決所謂「台灣問題」的模式。1981 年 4 月，在台執政的中國國民黨召開第 12 次全國代表大會，通過以「貫徹三民主義統一中國」為核心內容的政治宣言，使「三民主義統一中國」成為中華民國政府大陸政策指導思想。在這個時期，仍是中共處於主動，台灣處於被動，例如北京提「一國兩制」，台灣則提「三民主義統一中國」，北京提「國共對等談判」，台灣則以「三不政策」回應。此外，在此時期，雙方沒有官方接觸，台灣民間雖有商人與大陸進行間接貿易，但都被政府認定為非法行為[3]。雙方互動情形可參照下頁表 2-2。

---

[3] 　張亞中、李英明，《中國大陸與兩岸關係概論》pp.210~pp.216

表 2-2　1979-1987 年間兩岸的基本政策互動

1979-1987	相互對峙互不往來時期	
	大陸第二代領導人	台灣第二代領導人
主要人物	鄧小平、葉劍英	蔣經國、孫運璿
主／被動	主動	被動
政策口號	「和平統一、一國兩制」 不放棄武力	「三民主義統一中國」
作法	1. 1979 年與美國建交，發表《告台灣同胞書》。 2. 1981 年 9 月《葉九條》。 3. 1983 年鄧小平「一國兩制」。	1. 1979 年 4 月蔣經國提出「三不政策」。 2. 1980 年蔣經國主張「三民主義統一中國」。 3. 1981 年 4 月國民黨通國「三民主義統一中國」案。
原則	1. 「一個中國」即是「中華人民共和國」，台灣是中國的一部份。 2. 「中央政府」在北京，台灣「地方政府」，可為「特別行政區」。 3. 代表主權的外交由中共中央政府辦理，其他對外經濟、文化等交往，以及軍隊人士、制度、審判等，均由台灣自理。	1. 視中共為叛亂團體。 2. 拒絕中共的和平統戰伎倆。 3. 統一應以全體中國人的意願為基礎，兩岸差距縮小，中國自然統一。 4. 呼籲中共「四化」：政治民主化、經濟自由化、文化中國化、社會多元化。
訴求對象	國民黨、蔣經國	全體中國人

資料來源：張亞中、李英明，《中國大陸與兩岸關係概論》（台北：生智，2000）p.211

三、兩岸民間交流與協商時期

　　在這個階段，大陸的領導人以江澤民為核心代表，具體主張仍是延續「和平統一、一國兩制」，台灣方面此時期應再細分為兩階段，前半段為「蔣經國後期」延伸到「李登輝前期」，仍是以「三民主義統一中國」為基本內涵，開放台灣民眾赴大陸探親、制訂「國家統一綱領」，做為推動兩岸關係的依據。後半段則真正進入「李登輝時期」，除延續前期政策外，並全力拓展台灣國際生存空間[4]。這個階段中，兩岸展開人員往返以及經貿、學術、文化交流，兩岸藉由「海基會」與「海協會」啟動溝通平台，協商事務性問題。在這個時期，兩會藉由 1992 年 10 月 28 日在香港協商有關兩岸文書查證時，達成下述所謂「九二共識」[5]。

　　「1992 年因兩岸民間交流漸趨頻繁，有關兩岸文書驗證及共同打擊犯罪問題亟待解決，兩會於 1992 年 10 月 28 日在香港協商有關兩岸文書查證協議，但協商卡在「一中原則」內容沒有共識，海基會遂於同年 11 月 3 日致函海協會，主張各自口頭聲明方式表達「一中原則」，我方將根據『國家統一綱領』及國家統一委員會 1992 年 8 月 1 日對於『一個中國』涵義所作決議予以表述，海協會則於該

4　張亞中、李英明，《中國大陸與兩岸關係概論》p.216
5　蘇起、鄭安國主編，《「一個中國，各自表述」共識的史實》（台北：國家政策研究基金會，2002）pp.3~pp.6。另據蘇起表示，政黨輪替後國民進黨反對「一中」，中共也對「各表」有疑慮，為求取各方立場的最大公約數，他因此創造「九二共識」一詞作為「新瓶」，以涵蓋「一中各表」的「舊酒」，在 2000 年 4 月提出，當年 11 月中共決定接受，美國則在 2004 年 4 月，首度在其官方聲明中正式援用「九二共識」一詞，並給予正面評價。范凌嘉、陳志平、蔡維斌，〈馬英九：92 共識確實存在〉，《聯合報》2006.2.23.A2

年 11 月 16 日覆函海基會，表示台北方面的建議「已明確表達了兩岸均堅持一個中國的原則」，海協會最終接受海基會建議（採用兩會各自口頭聲明的方式表述一個中國的原則），並將海協會口頭表述內容－「海峽兩岸都堅持一個中國的原則，努力謀求國家的統一，但在海峽兩岸事務性商談中，不涉及一個中國的政治涵義。本此精神，對公證書使用（或其他商談事物）加以妥善解決」也轉達海基會，兩會取得共識，隔年更促成辜汪會談。」

貳、台北對「一個中國」意涵開始轉變

到了 90 年代中期，因台北開始調整長期以來堅持的「一個中國是中華民國」立場，也導致台北的「一個中國」意涵開始出現質變，2000 年政黨輪替後，民進黨政府更完全否定一中原則。

一、90 年代中起台北開始修改「一中」內涵

國內學者認為，台北對「一個中國」所代表的涵義看法轉變是在 1993 年台北方面決定積極推動加入聯合國之後，當時台北基於國際間多承認「中華人民共和國是中國唯一合法政府」，使台北「一個中國是中華民國」的主張幾不見容於國際，因此台北轉將「一個中國」做「去政治化」解釋，改為「一個中國是指歷史上、地理上、文化上、血緣上的中國」，並將「一個中國」界定在未來統一的中國，台北自此起，不再提「一個中國」，改強調「兩岸分裂分治」的觀念，

已等同非正式放棄「一個中國就是中華民國」立場[6]；其次，總統李登輝於 1994 年拋出「生為台灣人的悲哀」、「外來政權」[7]等言論，1995 年 6 月赴美國康乃爾大學大學演講，並再三強調「中華民國在台灣」、「中華民國未獲國際社會應有的外交承認」而要「盡全力向不可能的事務挑戰」，中共認為台北是積極在國際上製造「兩個中國」，自此斷絕與台北的事務性協商，並自 1995 年 6 月起到 1996 年 3 月展開一系列「文攻武嚇」，期間共舉行四次大規模軍事演習。

　到了 1999 年 7 月 9 日，李登輝在總統府接受《德國之聲》專訪時表示，中華民國自 1991 年修憲以來，已將兩岸關係定位在「國家與國家，至少是特殊的國與國關係」，而非一合法政府、一叛亂團體，或一中央政府、一地方政府的「一個中國」內部關係[8]，這項談話被國內學者解讀為是台北正式認為兩岸「現狀」已是國家與國家的關係，雖然兩岸關係有「特殊性」，但已具國家的主體性[9]；中共當時一方面由國家主席江澤民與美國總統柯林頓熱線電話，抨擊「兩國論」是「走出十分危險的一步，是對國際社會公認的一個中國原則

---

[6]　張亞中、李英明，《中國大陸與兩岸關係概論》p.220

[7]　李登輝於 1994 年 3 月間接受日本作家司馬遼太郎專訪時，說出「生為台灣人的悲哀」、「國民黨也是外來政權」等語，事後總統府澄清指出，李登輝說的「台灣人的悲哀」，指的是台灣人長久以來從來沒有作過主，中國人也一樣，到現在大陸上還是被外來的馬列共產主義統治，至於「國民黨是外來的政權」，主要是指國民黨原先並非台灣本地所培養成長的政治力量。孫榮光，〈國代要求澄清大是大非　總：沒說中華民國是外來政權〉，《聯合報》1994.5.20.3 版；謝公秉，〈台灣人的悲哀　是指島民長久未曾作主〉，《聯合報》1994.5.4.4 版

[8]　行政院大陸委員會全球資訊網，〈兩岸大事記〉，http://www.mac.gov.tw/

[9]　張亞中、李英明，《中國大陸與兩岸關係概論》p.233

的嚴重挑釁」，一方面發動全面性的「文攻」，中共中央並在該年八月的北戴河會議決定，台灣若將「兩國論」入憲，大陸將對台動武[10]。

從 1987 年到 1999 年，兩岸的主被動情勢有了改變。台北方面制訂《國統綱領》，主動提出解決兩岸爭執的論述依據，而李登輝主政時代更藉由務實外交，突破中共外交封鎖。大陸則處於被動接招的狀態。兩岸互動情形可參照下列表 2-3。

---

[10] 行政院大陸委員會全球資訊網，〈兩岸大事記〉，http://www.mac.gov.tw/

表 2-3　1987~1999 年兩岸的基本政策互動

1987-1999	開展兩岸民間交流與協商時期	
	大陸第三代領導人	台灣第三代領導人
主要人物	江澤民	李登輝
主／被動	被動	主動
政策口號	「和平統一、一國兩制」 不放棄武力解決台灣問題	《國家統一綱領》 兩岸是「特殊國與國關係」
作法	1. 1993 年「台灣問題與中國的統一」白皮書。 2. 1995 年《江八點》。 3. 1996 年中共試射飛彈遏制台獨，卻引發第三次台海危機。	1. 1987 年蔣經國開放探親 2. 1990 年制定《國統綱領》。 3. 1994 年《台海兩岸關係說明書》 4. 1995 年《李六點》。 5. 1999 年「特殊國與國關係論」。
原則	一、1995 年以前： 1. 「一個中國」就是「PRC」，台灣是中國的一部份。 2. 北京是「中央」，台灣「地方」，可為「特別行政區」。 3. 代表「主權」的外交由「中央」辦理，其餘可由由台灣自理。 （以上同第二階段） 二、1995 年以後： 開展「反分裂、反台獨」鬥爭。 1. 反對「兩岸分裂分治」主張。 2. 反對「主權共享、治權分屬」。 3. 兩岸不能用邦聯、聯邦制。 4. 反對台灣藉民主行分裂活動。 5. 反對公投決定台灣地位前途。	一、1994 年以前： 1. 一個中國就是 ROC；台灣與大陸均為中國的一部份。 2. 兩岸是「兩個政治實體」。 二、1994 年~1999 年： 1. 「一個中國」過去式：指歷史、地理、文化、血緣的中國。 2. 「一個中國」現在式：分治的中國，兩岸目前是分治狀態。 3. 「一個中國」未來式：民主、自由、均富、統一中國。 4. 中華民國是主權獨立國家。 5. 依據《國統綱領》完成中國統一。 6. 暫時擱置中國主權爭議。 三、1999 年以後： 1. 兩岸是「特殊的國與國關係」。 2. 不再強調兩岸是政治實體。 3. 兩岸雖特殊卻具國家主體性。
訴求對象	寄希望於台灣當局和人民；加強與台灣各黨派團體交往。	向全世界人民及台灣人民訴求為主，以鞏固台灣的主體性。

資料來源：本研究整理（張亞中、李英明，《中國大陸與兩岸關係概論》p.217）

二、民進黨政府「不統傾獨」

2000 年台灣政黨輪替、改由主張「台獨」的民進黨執政[11]，但為避免引起國際疑慮，總統陳水扁在 2000 年 5 月 20 日的就職演說中公開表示「只要中共無意對台動武，本人保證在任期之內，不會宣布獨立、不會更改國號、不會推動兩國論入憲、不會推動改變現狀的統獨公投，也沒有廢除國統綱領與國統會的問題」，以此所謂「四不一沒有」，向國際宣示民進黨執政不會片面改變台海現狀，並以「在既有的基礎之上……共同來處理未來『一個中國』的問題」[12]，模糊回應一中議題，但「四不一沒有」的談話，第一時間確實舒緩了因政黨輪替造成潛在的兩岸緊張。

在陳水扁主政初期對兩岸關係的談話非但沒有製造緊張，反而相當程度出現和解的動向，例如：2000 年 6 月 20 日，陳水扁雖在就職滿月記者會上以「沒有共識的共識」，來解讀所謂「九二共識」（即1992 年兩岸兩會在香港會談時針對「一個中國原則」的處理方式），但他隨即在 2000 年 7 月 31 日的記者會中提出「九二精神」的新說法，尤其 2000 年 12 月 31 日的〈跨世紀談話〉，更直言「……依據中華民國憲法，「一個中國」原本並不是問題……逐步建立兩岸之間的信任，進而共同尋求兩岸永久和平、政治統合的新架構」，國內學者認為這是民進黨政府對「一個中國」問題最明確也最具善意的表述[13]。

---

[11] 民進黨黨綱中的「基本綱領」第一項，就是「建立主權獨立自主的台灣共和國」；該黨「台灣前途決議文」更明訂民進黨主張「台灣應揚棄一個中國」。民主進步黨全球資訊網，http://www.dpp.org.tw/

[12] 〈中華民國第十任總統、副總統就職慶祝大會〉，《總統府新聞稿》，2000.5.20.，http://www.president.gov.tw

[13] 張五岳，〈中華民國的大陸政策〉，《兩岸關係研究》（台北：新文京，2003.9）p.90

但從 2002 年 8 月 3 日陳水扁在向日本東京舉行的世界台灣同鄉會年會發表視訊演講，拋出「……台灣是一個主權獨立的國家，簡言之，台灣跟對岸中國一邊一國，要分清楚……」的「一邊一國」論，撼動美中台三方後，民進黨政府隨即出現包括 2003 年 11 月 27 日立法院通過《公民投票法》、2004 年 1 月 16 日，陳水扁宣布「320 和平公投」、2004 年底台灣立法委員選舉期間拋出「爭取台灣駐外館正名」等一連串衝擊台海情勢的言談及行動。

三、台灣民眾兩岸認知變化

如果北京制訂《反分裂國家法》的最重要目標之一是要遏制台獨，則台灣民眾對兩岸關係認知的變化，絕對是研究相關議題者不能不探究的領域，畢竟台灣最終是否走向獨立，台灣人民的觀念與情感認知，佔有相當重要的比例。本研究嘗試對照政黨輪替前的 1999 年及 2006 年的民調資料，找出一些台灣民意變化趨勢。

1.維持現狀固為主流　但統消獨長

根據陸委會 1999 年所做的「民意調查（民國 88 年 3 月 28 日～4 月 1 日）民眾對當前兩岸關係之看法結果摘要」顯示，台灣民眾的統獨動向，主張廣義維持現狀（包括「維持現狀，看情形再決定獨立或統一」、「維持現狀，以後走向統一」、「維持現狀，以後走向獨立」、「永遠維持現狀」）的民眾仍占絕大多數，比例為 80.6%。傾向維持現狀（含「維持現狀，看情形再決定獨立或統一」、「永遠維持現狀」）的比例是 54.5%。傾向統一（17.3%，含「儘快統一」及

「維持現狀，以後走向統一」）的比率超過傾向獨立（15.5%，含「儘
快宣布獨立」及「維持現狀，以後走向獨立」）的比率[14]。台灣政黨
輪替前的民眾統獨動向，可參考下列圖 2-1。

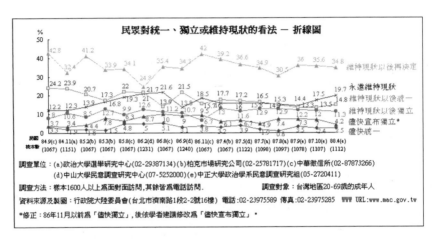

圖 2-1　1995~1999 台灣民眾對統一、獨立或維持現狀的看法

資料來源：〈民意調查（民國 88 年 3 月 28 日～4 月 1 日）「民眾對當前兩岸關係之看法」
　　　　　結果摘要〉，《陸委會網站》，1999.5

　　到了 2007 年 2 月陸委會發布的「民國 95 年民眾對大陸政策及
兩岸關係的看法綜合分析報告」卻顯示，當民調問卷選項分為六分
類時，民眾主張「維持現狀，以後看情形再決定獨立或統一」的比
率佔多數（三成五至四成八），「永遠維持現狀」的比率一成三至二
成九，「維持現狀以後走向獨立」的比率一成三至一成九，「維持現

---

[14] 〈民意調查（民國 88 年 3 月 28 日～4 月 1 日）「民眾對當前兩岸關係之看法」
　　結果摘要〉，《陸委會網站》，1999.5，http://www.mac.gov.tw/

狀以後走向統一」的比率不超過一成三。整體而言，廣義主張維持現狀的比率為七成一至九成二。至於主張「儘快獨立」或「儘快統一」的比率則為極少數，為一成至一成六。

當問卷選項為三分類時，民眾主張「維持現狀」（一成三至六成）略高於「台灣獨立」（一成六至五成），主張「兩岸統一」的比率則較少（一成二至三成五）。

在不提示維持現狀的選項時，請民眾在獨立和統一兩者之間做選擇，贊成「台灣獨立」者有四成二至四成九，「兩岸統一」者有二成六至三成五，贊成獨立的比率超過贊成統一的比率約一成五左右。此外，當問及如果中共允許台灣人民自由選擇台灣前途時，則有六成二的民眾認為台灣應該獨立[15]。

高達七成七的民眾同意「台灣是一個主權獨立的國家」，七成八至八成九的民眾認為台灣前途應由台灣 2300 萬人民來決定，另有四成六至五成五的民眾不贊成兩岸最終須統一，同時有六成五的民眾不贊成中共所宣稱的「台灣是中華人民共和國的一部分」這種說法。此外，超過半數以上的民眾不贊同國統綱領主張台灣最後必須和中國大陸統一[16]。1999 到 2006 年的台灣民眾統獨動向，可參考下頁圖 2-2。

比較兩份陸委會的資料，可以發現，經過民進黨執政後，雖然絕大多數台灣人民仍主張兩岸現階段應「維持現狀」，但卻有「統消獨長」的趨勢。當前台灣人民對兩岸前途的看法，「儘快獨立」比「儘

---

[15] 這項調查是政大選舉研究中心於 2006 年 11 月間所做，收錄於陸委會〈民國 95 年民眾對大陸政策及兩岸關係的看法綜合分析報告〉中。

[16] 〈民國 95 年民眾對大陸政策及兩岸關係的看法綜合分析報告〉，《陸委會網站》，2007.2，http://www.mac.gov.tw/

快統一」者多、「維持現狀以後走向獨立」比「維持現狀以後走向統
一」者多，尤其若「中共允許台灣人民自由選擇台灣前途」時，有
六成二的民眾認為台灣應該獨立，顯示台灣民眾有「想獨卻不敢獨」
的心理。這就難怪為什麼北京的對台政策要改為「反獨重於促統」，
以及制訂《反分裂國家法》並在法中明訂必要時得採「非和平方式」。

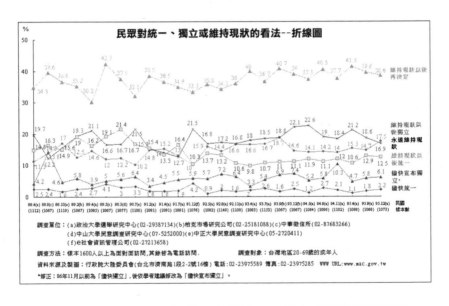

圖 2-2　1999~2006 台灣民眾對統一、獨立或維持現狀看法

資料來源：〈民國 95 年民眾對大陸政策及兩岸關係的看法綜合分析報告〉，《陸委會網
站》，2007.2，http://www.mac.gov.tw/

2.台灣人主體意識越來越高 卻不了解中國大陸

另外，再深入比較陸委會民國 88 年 3 月 28 日到 4 月 1 日針對「民眾對當前兩岸關係之看法」所做的民意調查結果摘要，以及民國 95 年民眾對大陸政策及兩岸關係的看法綜合分析報告這兩份研究調查，可發現台灣民眾對「台灣人」、「中國人」等自我認同看法變化，顯示台灣主體意識的上升。

1999 年時有 45.4% 的民眾認為自己「既是台灣人也是中國人」，有 36.9% 的民眾認為自己是「台灣人」，有 12.7% 的民眾認為自己是「中國人」。到 2007 年時，三成九到六成的民眾自認為是「台灣人」，僅有少數的民眾自認為是「中國人」（從不到一成到一成七左右），另認為「兩者都是」的比率為一成七至五成，自認是「台灣人」的比例越來越高。若再對照有高達七成七的台灣民眾同意「台灣是一個主權獨立的國家」，難怪台灣陸委會的官方結論是「民意凸顯台灣主體意識增加」。

但另一方面，《天下雜誌》2006 年 5 月對全台民眾進行一項民意調查，結果顯示，有 54.3%的受訪者不諱言自己「不了解中國大陸」（46%表示不太了解、8.3%表示完全不了解），只有 41.4%的受訪者自認了解（35%表示有些了解、6.4%表示很了解）。台灣民眾對中國大陸與大陸人也缺乏好感，比起同樣跟台灣關係密切的美、日、星、港、韓等國家或地區，受訪民眾對中國大陸與大陸人的好感都是最低，有好感的前三名則分別是星、日、美；「思想上的不了解，互相看不起」，是兩岸隔閡的重要原因[17]。

---

[17] 蕭富元，〈你了解中國嗎？〉，《面對中國》（台北：天下雜誌，2006 年 7 月），

第二節　中共第四代領導人的對台政策

中共的第四代領導班子是從 2003 年 3 月建成[18]，有別於第三代領導人江澤民是在接任接掌總書記第四年才接下對台工作，又過一年多才提出「江八點」談話，揭示第三代的對台政策方針，胡錦濤則在接班不及半年，就已全面接掌工作，反映的是中共第四代領導是在循序漸進、有系統培養下被建立、進而接班[19]，其對台政策也出現部分與過往不同的特色。

壹、胡錦濤對台政策之分析

分析家認為，胡錦濤的對台政策，具有不怕拖、加強文統，持續武備、對台獨更硬對其他更軟等特點，與過去江澤民有明顯不同。本節將從各面向檢視分析。

---

pp.220~pp.226

[18] 學者邵宗海認為，胡錦濤全面掌權固應是在 2005 年 3 月從江澤民手中接下中共國家軍委主席一職後開始計算，但其涉台言論及對台政策，須從胡 2002 年 11 月接任中共總書記後開始檢驗。邵宗海，《兩岸關係》（台北：五南，2006）pp213；學者楊開煌則認為，2003 年 3 月後，中共第四代領導班子即已算組建完成。楊開煌，《出手──胡政權對台政策初探》，p.73；包括胡錦濤接任國家主席、溫家寶接任國務院總理、吳邦國當選人大委員長、賈慶林當選全國政協主席，均在 2003 年 3 月，請參《新華網》相關資料，http://news.xinhuanet.com/ziliao/2004-06/22/content_1540150.htm

[19] 楊開煌，《出手──胡政權對台政策初探》p.73

一、更重視對台灣人民的工作

　　胡錦濤於 2002 年 11 月接下中共總書記職務，並在 2003 年 3 月 15 日被第十屆「人大」第一次會議選舉為國家主席，他在同年 3 月 11 日出席該屆人大會議的台灣代表團會議，就「做好新形勢下的對台工作」提出四點主張：「一是要始終堅持一個中國原則；二是要大力促進兩岸的經濟文化交流；三是要深入貫徹寄希望於台灣人民的方針；四是要團結兩岸同胞共同推進中華民族的偉大復興」，算是胡錦濤首次公開發表較為詳盡的對台工作講話[20]，其他內容還包括：「解決台灣問題、實現祖國的完全統一，我們寄希望於台灣人民」、「要爭取廣大台灣同胞理解和支持我們的方針政策，同我們一道共同推進兩岸關係和祖國和平統一進程」，此外，胡錦濤更提出「三個凡是」－「凡是有利於台灣人民的利益、凡是有利於祖國的統一、凡是有利於中華民族偉大復興」，都要全力推動[21]。

　　其次，胡錦濤在 2005 年 3 月 4 日提出的「胡四點」，第三點也是「貫徹寄希望於台灣人民的方針絕不改變」，胡錦濤強調，「只要是對臺灣同胞有利的事情，只要是對促進兩岸交流有利的事情，只要是對維護台海地區和平有利的事情，只要是對祖國和平統一有利的事情，我們都會盡最大努力去做，並且一定努力做好」，裡面談話甚至具體提到台灣農產品銷售到大陸、客運包機等內容[22]。

---

[20] 〈胡錦濤談新形勢下對台工作四點意見〉，《人民網》，http://tw.people.com.cn/BIG5/14864/14918/3063025.html

[21] 〈處理台灣問題有新思維〉，《人民網》，http://tw.people.com.cn/BIG5/14811/14869/2372844.html

[22] 〈胡錦濤提出新形勢下發展兩岸關係四點意見〉，《新華網》，http://news.

　　而在 2006 年 4 月 16 日，胡錦濤更進一步就推動兩岸關係和平發展提出四點建議，其中第二、第三點分別是「為兩岸同胞謀福祉，是實現兩岸關係和平發展的根本歸宿」、「深化互利雙贏的交流合作，是實現兩岸關係和平發展的有效途徑」，談話強調經貿、農業、教育、旅遊等多方面合作，促進兩岸人民利益[23]。

　　由胡錦濤相關談話，顯示中共第四代領導人更加強「寄希望於台灣人民」，正式放棄「寄希望於台灣當局」、捨棄與台北官方打交道的想法[24]，胡錦濤甚至言明「台獨分裂勢力越是想把台灣同胞同我們分隔開來，我們就越是要更緊密地團結台灣同胞」[25]。不過也有學者認為，中共對台政策轉為更重視台灣人民，一方面也與胡的從政較親近基層、真正重視民意的政治本質有關[26]。

二、對台政策與北京全球外交接軌

　　中共為消滅國際間對「中國崛起」的疑慮，近年來大力提倡「和平發展」、「和諧世界」，台海問題能否和平解決，是國際社會檢視北京的指標，在當前兩岸不存在「和平分離」選項下，胡錦濤強調「和平統一」，不僅是政策需求，也是北京現實的考量，同時利用辯證法，

xinhuanet.com/tai_gang_ao/2005-03/04/content_2649922.htm

[23] 〈胡錦濤會見連戰和參加兩岸經貿論壇的台各界人士〉，《新華網》，http://big5.gov.cn/gate/big5/www.gov.cn/ldhd/2006-04/16/content_255504.htm

[24] 邵宗海，《兩岸關係》p.228

[25] 〈胡錦濤提出新形勢下發展兩岸關係四點意見〉，《新華網》，http://news.xinhuanet.com/tai_gang_ao/2005-03/04/content_2649922.htm

[26] 楊開煌，《出手——胡政權對台政策初探》p.87

塑造「統一=和平；分裂=戰爭」的意象符號；胡錦濤在 2005 年 3 月 4 日的「胡四點」談話，一方面強調「爭取和平統一的努力決不放棄」、「只要和平統一還有一線希望，我們就會進行百倍努力」，另一方面也強調「反對台獨分裂活動決不妥協」，此時是和統（和平統一）與反獨並重。

但到了 2006 年 4 月 16 日的「胡四點」談話，「和平統一」的字眼消失，取而代之的是「推動兩岸關係的和平發展」，並強調「堅決反對和遏制台獨，才能消除危害兩岸關係和平發展的最大威脅」，顯示和平發展與反對台獨成為中共對台政策的雙主軸，另外，這項「新胡四點」將對台政策與北京全球外交接軌，以「和平發展」取代「和平統一」、「對台動武」，以和平發展取代和平統一，並不表示北京放棄統一，而是避免引起台灣人民反感的戰術手段[27]。

三、聯美制台獨

在台海問題上，中共近年已認知到，以現階段美國與中共間具有越來越多共同利益之際，北京與華府應可從發展共同利益的基礎，一起合作來限制台灣內部台獨勢力的發展[28]，「聯美制台（獨）」成為中共第四代領導人對台政策的一大轉變。

胡錦濤在 2004 年 11 月 20 日 APEC 的非正式領袖會議中與美國總統布希見面時，首度提到「台獨將斷送台海和平，並將嚴重破壞亞太地區的穩定和繁榮，中美雙方都應站在這個戰略高度來認識台

---

[27] 林中斌，〈新胡四點的深層解讀〉，《中國時報》2006.5.1.A15 版
[28] 曾復生，《中美台戰略趨勢備忘錄第二輯》（台北：秀威資訊，2004），p.253

獨的危害，『共同遏制台獨勢力』的分裂活動」[29]，2005 年 9 月，胡錦濤更藉由前往美國出席聯合國成立 60 週年紀念活動，與布希會談時再次表明「希望美國與中國一起防衛台海的和平穩定，並反對所謂台獨」（I hope that the United States will join the Chinese side in safeguarding peace and stability across the Taiwan Straits, and opposing so-called Taiwan independence）[30]。

四、「江八點」漸淡出，「胡四點」成對台政策主調

自 1995 年 1 月 30 日中共發表「江八點」以來，每年元月下旬中共均循例在北京舉行紀念座談會，由中共高層負責人發表對臺談話，總結過去 1 年對臺工作成果，並對未來 1 年設定工作重點。2006年為「江八點」11 週年，中共一改過去由中央舉辦大型紀念活動慣例與規格，改由各涉台單位及地方（台辦、統戰團體、台研單位等）與駐外單位、僑社等分別舉行紀念活動，雖在形式上維持對「江八點」一定程度的尊重，但反過來說，應可解讀成「江八點」將逐漸成為僅具宣示意義之歷史性文件，尤其自 2005 年以來，包括《反分裂國家法》之立法原則、相關領導人之對台談話等，均一再重申及

---

[29] 〈胡錦濤主席會見美國總統布希〉，《新華網》，http://news.xinhuanet.com/world/2004-11/20/content_2241550.html

[30] "President Bush Meets with Chinese President Hu Jintao", For Immediate Release Office of the Press Secretary，2005.9.15，http://www.whitehouse.gov/news/releases/2005/09/20050913-8.html

頌揚「胡四點」的原則與精神，顯示中共對台政策的實質面上，「胡四點」已取代「江八點」成為對台工作的指導方針[31]。

此外，胡錦濤對台海現狀維持予以默認，更迎合美國目前要求台海兩岸「任何一方均不得片面改變現狀」的基本政策立場。雖然「兩岸尚未統一」早由已故的大陸海協會會長汪道涵於 1998 年提出[32]，但由中共領導人正式確認，則是胡錦濤在 2005 年 3 月 4 日所發表的「胡四點」中，首次清楚說明對台海現狀的描述：「1949 年以來，儘管兩岸尚未統一，但大陸和台灣同屬一個中國的事實從未改變。這就是兩岸關係的現狀」[33]。而北京近年來投入大量人力和財力去影響美國的政策族群（包含政府、國會、學者智庫、民間團體、跨國企業等），都可對台北增加壓力。

胡錦濤不像江澤民對台喜歡玩弄統一時間表的文字。胡錦濤 2004 年 9 月接任中共中央軍委會主席後，便裁示了新的對台方針：「爭取談，準備打，不怕拖」；對台獨更硬對其他更軟：江對台全面打壓，使台灣「反中」意識高漲。胡則「對台獨更硬、對其他更軟」，加強區隔，縮小打擊面，擴大拉攏面，甚至「既往不咎」，抵制法理

---

[31]　〈大陸情勢〉，2006.4，p.86，《陸委會網站》，http://www.mac.gov.tw/

[32]　汪道涵於 1998 年接受《亞洲週刊》專訪時，提出 86 字詮釋大陸對一中意涵的談話：「世界上只有一個中國，台灣是中國的一部分，目前尚未統一，雙方應共同努力，在一個中國原則下，平等協商，共議統一；一個國家的主權和領土是不可分割的，台灣的政治地位應該在一個中國的前提下進行討論」。可參閱黃天才、黃肇珩，《勁寒梅香——辜振甫人生紀實》（台北：聯經，2005），p.287

[33]　〈胡錦濤提出新形勢下發展兩岸關係四點意見〉，《新華網》，2005.3.4，http://news.xinhuanet.com/tai_gang_ao/2005-03/04/content_2649922.htm

獨立，默認事實獨立[34]。這些都是胡錦濤與江澤民對台政策不同風格之處。

貳、北京對台政策「戰略一貫、戰術靈活」

國內學者研究分析，北京對台政策分「戰略」與「戰術」兩個層次，前者指的是長期目標和政策原則，後者則是短期目標、指導原則，以及操作方法，北京對台的「戰略」維持高度的一貫性，但對台戰術卻是異常靈活，像是「和平統一」、「一國兩制」、「不放棄對台用武」，至今仍幾乎不變，就是典型的戰略，另一方面，對台戰術則會視不同情況經常改變—由軍事恫嚇改為經濟誘惑、由文宣攻擊到言詞和緩等[35]。中共對「一個中國」意涵的詮釋為例，隨著不同時間及環境，就有不同的論述方式。可參閱下面表 2-5：

---

[34] 林中斌，〈胡上江下 對台新局〉，《中國時報》，2005.3.1.A4 版
[35] 林中斌，《以智取勝》（台北：國防部史政編譯室，2004.8）p.517

表 2-4　演變中的堅持：北京「一個中國原則」

日期	I	II	III
1954.12.5：人民日報「中國人民不解放台灣決不罷休」社論出現：	世界上只有一個中國	台灣是中國的一部份	中華人民共和國政府是代表中國的唯一合法政府
1993.8.31：台灣問題與中國的統一白皮書宣稱：			
1995.1.30：總書記江澤民提出江 8 點			
1996.5.11：新華社「堅持一個中國原則重在拿出實際行動」評論出現：			中國的主權與領土完整不容分割
1998.1.26：副總理錢其琛在江 8 點 3 周年談話會提及；			
2000.2.21：一個中國的原則與台灣問題白皮書同樣出現：			
2000.8.24：副總理錢其琛向媒體表示：		大陸和台灣同屬於一個中國	
2002.3.3：9 屆人大 5 次會議開幕，總理朱鎔基提出政府工作報告指出：			

資料來源：林中斌，《以智取勝》（台北：國防部史政編譯室，2004.8），p.515

　　值得注意的是，北京目前所提出的「一中新三句」──「世界上只有一個中國、大陸與台灣同屬一個中國、中國的主權和領土完整不容分割」，最早雖是由錢其琛面對台灣媒體《聯合報》時所提出，但在 2002 年 3 月 5 日，即由當時的總理朱鎔基納入向「人大」會議

發表的政府工作報告[36]，再於 2002 年 9 月 13 日，由當時的外長唐家璇在聯合國大會演說時首度向國際提及（TANG JIAXUAN, Minister for Foreign Affairs of China, said there was but one China--composed of both mainland China and Taiwan-- in the world）[37]，再由江澤民於 2002 年 11 月「十六大」上公開背書[38]。這一連串的作法將使台北質疑北京一中意涵「內外有別」或不具代表性的說法產生動搖。尤其「一中新三句」的表述已貼近過去台北在國統綱領所提的一中意涵，使北京在兩岸關係認知上，與台灣內部（至少泛藍板塊）出現一定程度重疊，這些都屬於北京對台策略的戰術靈活面。

第三節　中共對台美展開法律戰的探究

中共因綜合國力的提升，日漸被國際要求成為負責任的國際成員，必須遵守國際法律規範和運作體系，將國際與國內法交相運用在涉台工作與對台政策上，成為北京新的策略之一。

---

[36] 〈2002 年政府工作報告〉，《中華人民共和國中央人民政府門戶網站》，2006.2.16http://www.gov.cn/test/2006-02/16/content_201164.html

[37] Press Release, GA/10048, "VENEZUELAN PRESIDENT HUGO CHAVEZ URGES WORLD LEADERS TO REAFFIRM COMMITMENT TO ADDRESS ROOT CAUSE OF TERRORISM", Fifty-seventh General Assembly Plenary, 5th Meeting (PM), http://www.un.org/News/Press/docs/2002/GA10048.doc.htm

[38] 〈江澤民在黨的十六大上所做的報告〉，《新華網》，2002.11.17http://news.xinhuanet.com/newscenter/2002-11/17/content_632290.htm

壹、中共法律戰緣起

　　國內研究者認為，2004 年底的台灣立委選舉以及中共發布人大常委會將審議反分裂法草案，代表兩岸法律戰的開端[39]。前者代表台灣人民對「正名」、「制憲」的看法，一旦泛綠過半，則台灣將啟動「法理台獨」進程，後者則法律化對台政策。

一、法律戰的意義

　　中共於 2003 年 12 月公布「中國人民解放軍政治工作條例」，確立「三戰」——輿論戰、心理戰、法律戰作為解放軍面對高技術戰爭時的政治工作新要項[40]，強調法律在現代國際關係及戰爭中，是相當有效的武器，這也是「法律戰」一詞首度具體出現在中共官方文件。

　　目前中共對法律戰並無統一的定義，依照解放軍出版社發行的相關叢書所列，所謂「法律戰」，指的是「以法律為武器，採取以運用法律與輿論宣傳和心理感化、震懾等對敵政治鬥爭手段相結合的綜合鬥爭形式，以保證對敵軍事鬥爭勝利需要為目的的一種政治作戰方式」[41]，敵方指的是國內反政府分裂和武裝團體或組織，以及外國的各種非法干預勢力，使用的武器包括國際法、國內法與戰爭

---

[39] 楊開煌，〈當前兩岸關係的法律戰〉，《展望與探索》，第 3 卷第 1 期，2005 年 1 月，p.1

[40] 〈中共中央、中央軍委批准頒布解放軍政治工作條例〉，《中國網》，2003.12.14，http://big5.china.com.cn/chinese/2003/Dec/460948.htm

[41] 叢文勝等編著，《法律戰 100 例》（北京：解放軍出版社，2004.10）序言 p.5

法；做為主權國家的中央政府，有權根據國家憲法和相關法律，以必要手段包括政治、軍事解決國內問題的權力，另根據國際法的國家主權原則和不干涉內政原則，中央政府為維護國家主權和領土完整所採取的必要軍事手段，具有完全的合法性[42]，不難看出，中共認為可用法律主張國際法上的主權，以及做為武力解決紛爭的依據。

二、法律戰的特點

中共認為，法律戰的主要特點表現在政治性、戰略性、系統性、專業性及時效性，其中系統性強調輿論戰與心理戰的綜合運用；在戰法上，中共從攻、防、反擊三方面提出六種方法[43]：

(一) 法律威懾：依托法律優勢，透過對敵心理震撼，達到影響敵方決策。

(二) 法律打擊：針對敵方行動法理缺陷與非法行徑主動展開攻勢，相對申明己方行動的合法性、正義性。

(三) 法律反擊：針對敵方的法律攻擊，依法反駁，據理回擊。

(四) 法律約束：運用法律手段，限制和阻滯敵方軍事行動和第三者的干預，方法中甚至包括「對國際法的模糊性規範作出不利於敵的法律解釋；運用國際法相關規則對敵人使用武力進行限制」。

---

[42] 叢文勝等編著，《法律戰 100 例》序言 p.6

[43] 洪陸訓，〈中共法律戰與反分裂國家法〉，《展望與探索》，第 4 卷第 1 期，95 年 1 月，p.65

(五) 法律制裁：啟動相應的司法等程序，追究懲治戰爭犯罪和
　　相關違法行為。

(六) 法律防護：運用法律機制，以支持和保護己方作戰決策和
　　行動。

貳、反分裂國家法立法背景

至於中共最終決定制訂《反分裂國家法》，主要緣由與背景就是
為應付台灣一連串走向台獨的舉動，並做為抗衡美國《台灣關係法》
的工具。

一、用法律武器反台獨

大陸涉台學者認為，在港澳相繼回歸中國大陸前後，大陸一些
從事台灣研究的學者包括法律界專家，曾探討過制定《台灣基本法》
的問題，其次是 1999 年台北提出「兩國論」、後來又拋出「一邊一
國論」，有關專家學者才呼籲並著手研究《國家統一法》，最後則是
2004 年以來，「台灣當局」加快「正名」、「修憲」、「公投」等步伐，
但長期以來，大陸領導人在台灣問題上，只是以發表講話的形式來
表達中國政府的立場和態度，從來沒有以法律的形式確定下來，用
法律抗擊台獨，既可以威攝和遏制「法理台獨」勢力，又可以從法
理上作出相關規定，還可以體現中國在完善法治方面的進步[44]。

---

[44] 〈中國一些學者呼籲制訂台灣法〉，《美國之音中文網》，2004.10.22，
　　http://www.voanews.com/chinese/archive/2004-10/a-2004-10-22-10-1.cfm

二、抗衡美國的台灣關係法

國內學者認為，中共啟動對台法律戰、制定涉台法律，就是企圖以中共國內法方式，法律化一個中國原則，對台展示北京促統反獨的意志與決心，對內宣示領土完整與激勵民族主義，對外則確認一個中國與排除外國干涉[45]。

眾所皆知，中共認為會干預台海局勢的外國首推美國，中共和美國談起有關台灣問題時，美國一貫的答覆是依據「台灣關係法」行事，例如中共向美國抗議出售武器給台灣時，美國的答覆是依據「台灣關係法」，美國有義務出售防禦性武器給臺灣，使台灣有足以自我防衛的能力，而台灣關係法是則美國與中華民國斷交後，為維繫台灣的生存與安定，所自訂的國內法，而中共和美國則訂有三個建交公報，台灣關係法和三個公報之間何者層次較高，美國完全是依據國家利益來解讀，中共為應付屬於美國國內法地位的台灣關係法，若能相對性也訂定屬於國內法層次的涉台法律，將兩岸可能發生的衝突定位為國內事務，有抗衡台灣關係法、阻止美國將來介入台海間衝突之效[46]，此外，大陸涉台學者亦不諱言，制訂類似「統一法」做為涉台依據，有兩大目標，一是反對台灣新憲，提出實現中國統一的進程安排，其次就是「與美國的台灣關係法鬥爭」[47]。

---

45 楊永明，〈反分裂法 美頂多強硬聲明 不會攤牌〉《聯合報》，2005.3.10.A15
46 藍天虹，〈中共制訂反分裂國家法之研析〉《陸軍月刊》第 41 卷第 479 期，p.23
47 李家泉，〈中國制訂統一法展現胡溫對台新思維〉，《大紀元》，2004.5.16，
   http://www.epochtimes.com/b5/4/5/16/n540509p.htm

三、法律化一系列對台政策

長期以來，中共對台政策的主要依據是「葉九條」、「鄧六條」、「江八點」，加上中共中央、國務院主管部門發表的台灣政策白皮書。這些指導原則與方針政策是北京對台政策的依循規範，然而實際上卻缺乏法律的穩定性、嚴謹性與強制性。2004 年 3 月 20 日民進黨贏得政權繼續執政後，中共對台部門與學術界，再次倡議要制訂「統一法」，試圖以法律戰方式遏制台灣日漸走向「法理獨立」[48]；可以說，制訂反分裂法經由中共學者向權威當局提出建言，再由國台辦、新華社進行一連串宣傳後，以法律形式重建北京對台政策論述及反獨促統方針。

小結

中共認為，台灣在政黨輪替後，在教育及行政工作上推動「去中國化」，政府高層的言談則屢次出現衝擊台海現狀的言詞，因此當前對台政策主要戰略目標是採取一貫的戰略思考，以及相對應的戰術對策，來穩定兩岸關係、控制兩岸情勢，全力遏阻台獨的發展，以便把握機遇，建構兩岸關係的和平（統一）架構。北京也試圖改變台灣人民的大陸印象，藉由發展讓台灣人民發現中國的強大和統

---

[48] 柳金財，〈大陸關於統一法擬議之探討：緣起、內容與侷限〉，《展望與探索》，第 2 卷，第 10 期，民國 93 年 10 月，p.21

一政策的好處，屆時自然和平統一機會提升、台獨威脅降低[49]。胡錦濤在 2004 年 11 月訪問巴西時表示，中國要強盛，中華民族要振興，「第一要發展，第二要統一」、2005 年 9 月 9 日透露「統一還需要很長時間」[50]，顯然就是最佳例證。本章的研究也可說明，為使全力國家發展這段期間不受台獨所干擾，中共認為有必要拿出一套有別以往的手段，以重新掌握台海議題主導權、確保台海現狀不致因台灣的民進黨政府產生變化，因此制訂《反分裂國家法》。

---

[49] 楊開煌，《出手——胡政權對台政策初探》p.108

[50] 〈胡錦濤同巴西華僑華人共話中國如何強盛與振興〉，《新華網》，http://news.xinhuanet.com/overseas/2004-11/16/content_2223469.htm ；〈胡錦濤：統一還要長時間〉《中國時報》，2005.9.11.A13

第三章

反分裂國家法的內容

　　研究《反分裂國家法》宜深入且多面向檢視，從其立法演變、條文內容，乃至字裡行間的法律及政治意義，都應由正、反兩個角度來看，才不致流於以偏概全。

　　本研究將針對反分裂法進行深入探究。《反分裂國家法》全文如下：

第一條：為了反對和遏制「台獨」分裂勢力分裂國家，促進祖國和平統一，維護台灣海峽地區和平穩定，維護國家主權和領土完整，維護中華民族的根本利益，根據憲法，制定本法。

第二條：世界上只有一個中國，大陸和台灣同屬一個中國，中國的主權和領土完整不容分割。維護國家主權和領土完整是包括台灣同胞在內的全中國人民的共同義務。

　　　　台灣是中國的一部分。國家絕不允許「台獨」分裂
勢力以任何名義、任何方式把台灣從中國分裂出去。

第三條：台灣問題是中國內戰的遺留問題。

　　　　解決台灣問題，實現祖國統一，是中國的內部事
務，不受任何外國勢力的干涉。

第四條：完成統一祖國的大業是包括台灣同胞在內的全中國人
民的神聖職責。

第五條：堅持一個中國原則，是實現祖國和平統一的基礎。

　　　　以和平方式實現祖國統一，最符合台灣海峽兩岸同
胞的根本利益。國家以最大的誠意，盡最大的努力，實
現和平統一。

　　　　國家和平統一後，台灣可以實行不同於大陸的制
度，高度自治。

第六條：國家採取下列措施，維護台灣海峽地區和平穩定，發展
兩岸關係：

（一）鼓勵和推動兩岸人員往來，增進了解，增強互信；

（二）鼓勵和推動兩岸經濟交流與合作，直接通郵通航
通商，密切兩岸經濟關係，互利互惠；

（三）鼓勵和推動兩岸教育、科技、文化、衛生、體育
交流，共同弘揚中華文化的優秀傳統；

（四）鼓勵和推動兩岸共同打擊犯罪；

（五）鼓勵和推動有利於維護台灣海峽地區和平穩定、
發展兩岸關係的其他活動。

　　　　國家依法保護台灣同胞的權利和利益。

第七條：國家主張透過台灣海峽兩岸平等的協商和談判，實現和平統一。協商和談判可以有步驟、分階段進行，方式可以靈活多樣。

台灣海峽兩岸可以就下列事項進行協商和談判：

（一）正式結束兩岸敵對狀態；

（二）發展兩岸關係的規劃；

（三）和平統一的步驟和安排；

（四）台灣當局的政治地位；

（五）台灣地區在國際上與其地位相適應的活動空間；

（六）與實現和平統一有關的其他任何問題。

第八條：「台獨」分裂勢力以任何名義、任何方式造成台灣從中國分裂出去的事實，或者發生將會導致台灣從中國分裂出去的重大事變，或者和平統一的可能性完全喪失，國家得採取非和平方式及其他必要措施，捍衛國家主權和領土完整。

依照前款規定採取非和平方式及其他必要措施，由國務院、中央軍事委員會決定和組織實施，並及時向全國人民代表大會常務委員會報告。

第九條：依照本法規定採取非和平方式及其他必要措施並組織實施時，國家盡最大可能保護台灣平民和在台灣的外國人的生命財產安全和其他正當權益，減少損失；同時，國家依法保護台灣同胞在中國其他地區的權利和利益。

第十條：本法自公佈之日起施行。

第一節　反分裂國家法立法演變

　　仔細檢視文獻資料，其實中國大陸內部有人提出用法律做為規範台灣問題的構想，由來已久，從最初的訂定「台灣基本法」，到後來的國家統一法、統一綱領等，脈絡一貫可循。

壹、歷來大陸政學界的立法呼聲

　　中國大陸政、學界提出以法律規範台灣問題，初期是以訂定「台灣基本法」為主，在 1995 年初，就有中共政協委員主張制訂「台灣基本法」，並訂定統一期限[1]；到 1996 年 3 月台海飛彈危機時，有中共人大常務委員倡議制訂「台灣特別行政區基本法」，以法律的形式將「一國兩制」的政策確定下來，兩岸可以多舉行一些民間的學術研討會，多溝通訊息和了解民意，使民間的聲音能夠在這部法律中得到反映[2]，這是大陸內部首次出現有人建議以法律形式定位台灣，並論及統一前後的管理方式；到 1999 年底，大陸涉台學者章念馳撰文建議中共中央，成立「國家統一委員會」，吸納各方人士參加，包括台灣有關人士，並共同起草「台灣基本法」[3]，分階段實施統一。

　　2001 年全國人大、全國政協開會期間，當時上海團代表、上海社科院顧問張仲禮提出議案，建議盡快制訂「國家統一法」，使中國

---

[1]　張聖岱，〈中共一政協委員建議　兩岸訂 1999 年統一〉，《聯合報》。1995.3.4. 第 2 版

[2]　〈中共人大常委提議　速制訂台灣基本法〉，《聯合報》。1996.3.15. 第 10 版

[3]　〈汪道涵智囊提　三階段解決台灣問題〉，《聯合報》。1999.12.29. 第 13 版

統一有法可循，其後兩、三年間，陸續有學者提出統一法「學界版」草案條文，並有香港媒體刊登，以及制訂「統一綱領」，規定兩岸統一前後的階段任務以及讓所有人都了解統一的好處與步驟[4]；到 2004 年 3 月，由於兩岸歷經完台灣通過公投法、台灣總統大選合併舉行公投等多項引發國際矚目的事件後，先是全國人大代表周洪宇在兩會提出儘快制訂國家統一綱領的倡議，他認為，當前國際、台灣局勢均發生重大變化，由國家最高權力機關制定「國統綱領」，不僅意義重大，而且非常迫切[5]。

貳、官方拍版定調

而最重要的關鍵，則是 2004 年 5 月 9 日，中共總理溫家寶在英國訪問時，首度透露，對制訂統一法「會認真考慮」，這是北京高層首度正面回應相關議題[6]，雖然這段談話當時並未經中共官方《新華社》報導，但三天後，國務院台灣事務辦公室發言人李維一即在 5 月 12 日的例行記者會上回答記者提問時，明白指出「對於以法律手段促進祖國統一的建議，中國政府將認真考慮並予以採納」[7]，到了 2004 年 8 月，國台辦副主任王在希出席一場學術研討會時，私下承

4　章念馳，〈兩岸關係：現在與未來的反思〉，《鳳凰時評》。2004.4.15 http://www.lib.wust.edu.cn/showtxt/show_article.asp?ID=2944

5　〈「國家統一法」提上日程〉，《大陸情勢雙週報》第 1437 期，2004.12.30，中國國民黨全球資訊網，www.kmt.org

6　仇佩芬，〈溫家寶：認真考慮訂統一法〉，《聯合報》。2004.5.11.A1

7　〈國台辦：中國政府會認真考慮制訂國家統一法〉，《新華網》，http://news.xinhuanet.com/taiwan/2004-05/12/content_1465809.htm

認「官方」確實在研究統一法,「到時候會拿出點東西」[8],果然到 2004 年 12 月 17 日,中共官方「中央電視台」晚間宣布人大常委會將審議《反分裂國家法》草案,並在 2005 年 3 月 14 日,第十屆全國人大第三次會議通過制訂《反分裂國家法》後,即由國家主席胡錦濤簽署《中華人民共和國主席令第 34 號》正式公布實施。

至於為什麼叫《反分裂國家法》而不是《國家統一法》,雖然北京官方並未明確解釋,但根據章念馳、時殷弘等大陸涉台學者分析,主要理由應為下列幾點:

一、國家統一法工程浩大,必須花費數年完成,而反分裂、反台獨迫在眉睫,首先推出反分裂國家法來遏制。中國目前對台工作的重心是反分裂,遏制「台獨」,而不是急著統一。

二、法案的制訂「防患於未然」的味道更重一些。如果制定統一法,擔心讓外界以為現在中國急於統一台灣。

三、叫《反分裂國家法》比《國家統一法》更科學、準確,因為根據二戰後的《雅爾塔協議》和《波茨坦公告》,台灣本來就是中國的領土,台灣的主權本來就屬於中國,所以不存在統一的問題,只存在反分裂的問題[9]。

此外,北京清楚美國會對這法案產生的後續動作表示「關注」,如果叫「統一法」,為達成統一目標,採用「非和平手段」的機會增

8　〈「北京當局看兩岸:杭州、大連集會透露的訊息〉,《大陸情勢雙週報》第 1437 期,2004.8.19,中國國民黨全球資訊網,www.kmt.org

9　〈反分裂國家法將審議　江八點為立法基礎之一〉,《華夏經緯網》,http://big5.huaxia.com/zt/pl/05-005/2005/00283930.html,2005.1.26

高，美國勢必認為這是破壞台海現狀而予以介入，但叫「反分裂法」，就帶有被動性，只要台灣沒有在修憲、制憲或公投等方式上讓台灣獨立有法理基礎，兩岸就不會有立即爆發戰爭的危險，美國也就不需承擔太大壓力，反之，台灣一旦宣布獨立，定會讓美國覺得台北先破壞現狀，美方也就沒有兌現《台灣關係法》的義務，如此一來，《台灣關係法》與《反分裂國家法》就不會相撞，可以說，「反分裂」的名稱被接受，反映了胡錦濤在台海問題上傾向「不主動使用武力」的想法[10]。

　　中共制訂《反分裂國家法》，最主要的目的是眼看台灣相繼拋出《公民投票法》、辦理 320 公投，以及陳總統在 2004 年立委選舉期間的相關論述，包括提出終結中國憲法、2006 年推動新憲法草案、2008 年實施新憲法，以及爭取將台灣所有駐外機構正名為台灣代表處等[11]，但沒想到先是 2004 台灣立法院選舉泛藍過半、隔年 2 月又有「扁宋會」十點共識，台灣政情並未進一步惡化，有學者認為，北京遲緩的反應來不及因應或調整兩岸快速的變遷，通過反分裂國家法是「火車出站、射出去的箭，停不下來」，在當下的時機點推出，是「戰術煞費苦心、戰略失誤」[12]。

---

[10]　邵宗海，《兩岸關係》，pp.247~pp.248
[11]　中共人大委員長吳邦國在審議反分裂國家法的第 10 屆全國人大常委會第 13 次會議閉幕發表談話，指台灣「近一個時期以來」加緊推行台獨分裂活動，尤其圖謀透過所謂「憲政改造」進行分裂國家的活動，制定反分裂國家法完全有必要。〈吳邦國強調認真做好反分裂國家法立法工作〉，《人民網》，http://www.people.com.cn/BIG5/shizheng/1024/3087963.html，2004.12.29
[12]　陳亦偉，〈反分裂法通過　林中斌：戰術費苦心　戰略失誤〉，《中央社》2005.3.14

第二節　反分裂國家法內容分析

　　《反分裂國家法》全文共 10 條、1049 字，可能是中共建政以來內容最少的法律之一，並且也是起草過程最保密、立法時間最短、調動力量最大的一部法律。本節嘗試從立法位階、法條結構與內容、內容對台灣意涵等不同面向檢視。

壹、推動立法者位階高

　　根據媒體批露，中共中央為《反分裂國家法》的立法，成立了一個「立法領導小組」，組長是政治局常委排名第二、僅次於胡錦濤的吳邦國（身兼人大委員長），具體立法準備工作交由人大副委員長王兆國主持，人大常委會法律工作委員會主任胡康生，負責組織立法的調研、論證和起草工作，主持《反分裂國家法》立法者位階之高，只有歷次修憲堪與相比[13]。

　　其次，《反分裂國家法》與其他法律不同，不是由行政部門或國務院提交草案，而是由最高權力機關的人大常委會操刀。參與立法的部門和人士，也是前所未有之多，以部門和團體來看，國台辦、台聯、中國社科院、解放軍總政治部、軍事科學院和國防大學都有介入，以人員論，大陸研究對台政策、研究台灣、研究美國的專家，研究憲法、戰爭法、緊急狀態法的學者也被精選介入，《反分裂國家法》從起草過程，到 2004 年 12 月 25 日提交人大常委會首度審議前，

---

[13] 李春，〈主事者位階高　只有修憲可比〉，《經濟日報》，2005.3.9.A9

一直處於高度保密狀態，此外，反分裂法還可以說是中共最高領導層批示最多的法律，這些批示包括「立足長遠解決統一問題」、「更緊密地團結台灣同胞」、「保留必要的戰略選擇空間」、「要突出兩岸穩定互動」等[14]。

貳、法條分三結構

中共人民代表大會首席常務副委員長王兆國，在 2005 年 3 月 8 日宣讀「關於《反分裂國家法（草案）》的說明」時，曾闡述中共全國人大制定《反分裂國家法》的原則，是根據鄧小平理論和江澤民「三個代表」做為指導，以《中華人民共和國憲法》為依據，貫徹歷年來對台工作的方針，促進和平統一，藉以表達「反獨促統」、捍衛國家主權及亞太和平穩定的決心[15]。

整部法律可分為三個結構：（一）前五條是中共重申堅持一個中國原則；（二）六、七兩條是表明願意如何與台灣展開接觸交流的步驟和方式；（三）八、九兩條則定義以「非和平方式」解決台灣問題的三個前提，展開反獨促統。

事情總有正反兩面，若根據此一法則檢視《反分裂國家法》內容，筆者認為吾人應可發現該法「緊中有鬆、硬中有軟」的特性，其實不單是對北京而言，對中華民國來講，也不乏操作空間。

---

[14] 李春，〈用字最少 批示最多 吳邦國、王兆國主導〉，《聯合報》，2005.3.9.A3
[15] 〈關於反分裂國家法草案的說明〉，《反分裂國家法》，（北京：中國民主法制出版社，2005）pp.6~pp.7

參、重申一中但舊中有新

第一條是基本立場敘述，明白指出法案的針對性--為遏制台獨、維護台海和平穩定而來，而強調「促進國家和平統一」，正反映兩岸尚未統一的現狀。

第二條則是將中共前總理錢其琛的「一中新三句」納入，須注意的是，在草案時並無「大陸和台灣同屬一個中國」的用語，僅強調「台灣是中國的一部分」，雖然法條並未將胡錦濤 2005 年 3 月 4 日的「胡四點」中「儘管兩岸尚未統一」的說法列入，但仍已用間接的詞彙，承認了目前兩岸未統一的現狀[16]；雖然有論者以為，就算《反分裂國家法》中沒有出現「台灣是中華人民共和國一部分」等字句，但因為中共是「依據憲法」制定該法，而中共憲法在序言中載明「台灣是中華人民共和國的神聖領土的一部份」，所以《反分裂國家法》仍未放鬆對台灣的打壓，但筆者認為，正如前章第 2 節所述，「一中新三句」已由北京利用國內人大會議的政府工作報告、聯合國大會演說、黨的「十六大」等場合宣示及公開背書，具有一定程度國內外效果，使北京對兩岸現狀表述已貼近過去台北在國統綱領所提的一中意涵，這對中華民國而言，不能說全然負面。

第三條是將兩岸現狀定為內戰的延續，呼應胡錦濤 2005 年 3 月 4 日所說「兩岸現況就是一個中國」，並凸顯兩岸爭的仍是代表中國合法性問題，兩岸絕非「一邊一國」。

---

[16] 楊開煌，〈反分裂國家法對兩岸關係之影響〉，《展望與探索》，第 3 卷第 4 期，民國 94 年 4 月，p.1

第四條強調完成中國統一是，包括「台灣同胞」在內的全中國人民共同職責，某種程度上可視為中共「寄希望於台灣人民」的一貫說法。

第五條說明中共在追求國家統一過程中，「和平統一」仍是首選，並指堅持一中原則是和平統一的基礎。中共在通篇條文中雖未提「一國兩制」，但代之以「國家和平統一後，台灣可以實行不同於大陸的制度，高度自治」，除精神並未改變外，也隱含「實施一國兩制的前提是和平統一、若為非和平統一就沒有一國兩制」的警告意味。不過也有另一種觀點認為，不直書「一國兩制」，已體現出中共對台灣民意某種程度的尊重，因為一國兩制是中共第一代到第三代領導所主張和堅持的政策，現在竟沒出現在法律文字中，自然具有明顯而重大的意義[17]。

肆、依法交流 排除以武促統

第六條談到有關改善兩岸關係的具體作法，筆者認為，《反分裂國家法》的實質要點其實從第六條開始，比如鼓勵交流、互利互惠、保障台商權益等，北京藉此形塑「依法交流」形象的用意明顯，也是北京稱《反分裂國家法》是和平法的依據。學者林中斌透露，反分裂法出爐後，大陸國台辦有句口頭禪「不搞交流就是違法」。意思是，反分裂法給了這些以非武力方式對台的工作人員一把尚方寶

---

[17] 楊開煌，〈反分裂國家法對兩岸關係之影響〉，p.2

劍，讓他們放手從兩岸交流領域進攻。對於主張武力攻台的人，反分裂法把他們的嘴巴堵住了，這才是反分裂法的重要意涵[18]。

第七條談到兩岸以協商方式達成終止敵對狀態、促成和平統一，但用字是為台灣找尋「相適應」的國際定位及「台灣當局」政治地位，仍未將中華民國視為一對等政治實體，中共仍是「以我為主」。不過，中共明確地要求兩岸協商與談判，特別將「平等協商和談判，實現和平統一」載入法條，再加上兩岸的政治談判中提及「對統一的安排與步驟」的文字。這等於說明北京在統一目標上，只有通過「和平協商」單一方法，這就區別了「反獨」與「統一」的不同手段，形同表達了北京不可能「以武促統」的保證[19]。

伍、非和平≠動武　增設攻台緩衝

第八條則是引發中外關切的最重要部分，條文明指若出現（一）台獨分裂勢力以任何名義、任何方式造成台灣從中國分裂出去的事實；（二）發生將會導致台灣從中國分裂出去的重大事變；（三）和平統一的條件完全喪失等三項前提，中共得採「非和平方式」解決問題，但法條內容界定不明，而讓中共可片面決定何謂「重大事變」，至於所謂非和平方式，可從政治、經濟、外交、法律到封鎖等次軍事或準軍事行動，包羅萬象[20]。學者林中斌分析，若將北京對台手

---

[18] 林中斌，〈中共輸面子贏裡子〉，《財訊》，2006 年 3 月，p.132
[19] 楊開煌，〈反分裂國家法對兩岸關係之影響〉，p.2
[20] 曾參與反分裂國家法專家意見徵求的北京聯合大學台研所所長徐博東認為，「非和平方式」，可能包括貿易報復、經濟封鎖、經濟制裁、外交壓制（如要求相關國家凍結台灣在各國的財產）、軍事武力（如斬首行動、佔領外島、

段的光譜：從左邊和平（0）逐漸演化到右邊戰爭（100）。北京以前常提「不放棄對台用武」，所指的「用武」是光譜右端一點而已。現在所說的「非和平手段」範圍大多了。從 10 到 100 都算在內，包括軍事演習、外交打壓等等，北京的文人領袖將來對於他們不喜歡的台灣言行，因應空間更為寬廣[21]。

而「授權」國務院和中央軍委實施非和平方式，只要求「及時」向全國人大常委會報告，可能導致空白授權的後遺症，略嫌空白支票，不過「非和平方式」畢竟與過去「不放棄對台動武」有異，「非和平方式」的說法讓北京在處理台海危機時，不一定要打仗就可交代過去，某種程度是為中共文人領袖解套；第八條的另一個重點在於增設攻台決策的關卡。過去軍人領袖決定就開打的危險作法現在有了緩阻機制，以前黨的中央軍委會主席如毛澤東或鄧小平下令通過就可用武，現在則要與國務院共同決定，並向全國人民代表大會「及時報告」，意即報備，這給了文人領袖很大的鬆綁空間，此點國內很少人注意到[22]。第九條雖然僅是形式上的安撫台灣民眾及國際社會，但提出使用非和平手段時要保護台灣平民和在台外國人，顯示就算中共攻台，可能方式不會是大規模流血破壞，而會採精準打擊[23]。第十條則是制式用語。

攻打軍事設施）等手段；王銘義，〈非和平方式 徐博東：包括軍、經、外交手段〉，《中國時報》，2005.3.11.A2

[21] 林中斌，〈認清反分裂法的真正面目〉，《蘋果日報》，2006.3.14.A15 版
[22] 林中斌，〈中共輸面子贏裡子〉，p.132
[23] 林中斌，〈中共輸面子贏裡子〉，p.133

陸、藉英文譯名爭取美國理解

另一個值得注意的重點是，中共前總理朱鎔基在 1999 年訪問美國時，即以美國南北戰爭為例，強調中共有權像美國南北戰爭一樣，使用武力應付國家分裂危機[24]；1860 年代的美國南北戰爭，就是因為南方十一州要脫離聯邦，宣布獨立而引起的，美國的法律和歷史教科書提到南方分離運動，其用語即是使用 Secession 一字，此字不僅是退出分離，而且含有叛國的意思，所以在南方各州戰敗後，南方的總統戴維斯（Jefferson Davis）被視為叛徒，當被北軍捕獲後，控以叛國罪（Treason guilty）的罪名，經審判後定讞。事隔一百多年，直到今天雖經南方議員多方努力，美國國會都不曾立法為戴維斯洗刷此一罪名，中共在制訂《反分裂國家法》時，所使用的英文稿和美國南北戰爭前北方頒布的「反分裂決議」（Anti-secession Resolutions of the New York Legislature,1861）用詞相近[25]，將這部法律英譯為《Anti-Secession Law》，而 Secession 一詞如前所述，意味著「脫離聯邦」之意，北京此譯隱含著反對台灣脫離中國的政治涵義，以類似的歷史記憶爭取美國理解，不失為用心良苦。

為避免國際社會混淆，台灣陸委會在向國際媒體發布抗議反分裂法英文聲明文件裡，則將反分裂法譯為「Anti-Separation Law」，陸委會認為，Separation 一詞應是比較符合兩岸政治分裂分治現況的用語，因為 Separation 一詞，意指政治分離狀態，符合兩岸在國家主權分裂分治的歷史事實與政治現實[26]。

---

[24] 汪莉絹，〈南北戰爭論兩岸 溫爭取美同理心〉，《聯合報》，2005.3.15.A2
[25] 傅建中，〈看美對反分裂法的用字遣詞〉，《中國時報》，2004.12.21.A11
[26] 王銘義，〈一法兩譯 兩岸另類宣傳戰〉，《中國時報》，2005.3.10.A2

柒、法條不乏對台正面意涵

　　深入分析後可發現,《反分裂國家法》十條條文,除第十條的制式用語外,其餘九條在內容中,均可找出對台有利的正面意涵,且正面意涵略多於負面意涵,值得重視。《反分裂國家法》的法條原文及對台正負意涵分析請參下列表 3-1:

表 3-1　《反分裂國家法》內容對台正負意涵表列

條文	內容重點	正面意涵	負面意涵	特殊意義
第一條	指明法案是針對遏制台獨、促進和平統一而來。	1. 反獨優於促統 2. 默認兩岸未統一現狀	北京片面介定自身才是台海和平的守護者。	
第二條	納入一中新三句。	北京對兩岸現狀表述已貼近過去台北立場。	未將胡錦濤「兩岸尚未統一」的宣示文字化。	
第三條	介定兩岸現狀是內戰延續	與台北「終止動員戡亂」有某種程度銜接。	仍將統一視為內政,拒絕國際介入。	
第四條	完成統一也是台灣同胞的責任。	寄希望於台灣人民。	不再寄希望台灣當局。	
第五條	堅持一中、和平統一。	未再出現「一國兩制」四字。	剝奪兩岸前途其他選項。	
第六條	對台柔性政策。	鼓勵北京鴿派、牽制鷹派。	無	
第七條	推動兩岸政治協商。	正式結束兩岸敵對狀態。	仍未將中華民國視為對等政治實體。	
第八條	規範非和平手段。	1. 增設犯台決策關卡 2. 增加使用武力以外的彈性。	動用非和平方式的前提介定不明。	對台動武有了緩阻機制,北京出現新思維

第九條	採非和平手段時儘可能保障平民與外國人權益。	安撫台灣民眾與國際社會，宣示非和平方式不會血流成河。	無	首度暗示一旦犯台將採精確打擊。
第十條	制式用語	無	無	

資料來源：本研究整理（《聯合報》、《展望與探索》、《財訊》、《反分裂國家法》）

　　學者林中斌指出，反分裂法出爐後，有大陸學者透露說，2005年6月國台辦主任陳雲林感嘆，國台辦成立以來，「士氣從未如此之高」；而北京對台鷹派的嘴卻被反分裂法堵住。林中斌認為，綜觀反分裂法，除第10條外，頭5條冠冕堂皇，卻無新意，其他4條是實質所在。第6條有關兩岸交流，第7條有關兩岸協商，都是柔性作為，共385字。第8條及第9條都有關「非和平手段」，共263字，柔性與非柔性條文字數成6與4之比。因此林中斌直言，反分裂法與其說是個「武力攻台法」，還不如說是個「非武力統台法」[27]，與其說反分裂法是中共「對台施壓」，不說是「對內解套」。

第三節　反分裂國家法的法理探究

　　《反分裂國家法》出爐後，遭中外部分輿論質疑其違反國際法，主要爭點在於違反國際間「禁武」與「住民自決」兩項原則，本節嘗試以正反角度予以檢視。

---

[27] 林中斌，〈認清反分裂法的真正面目〉，《蘋果日報》，2006.3.14.A15版

壹、涉及國際法上武力使用的探究

因為《反分裂國家法》印證了目前中共所認定的台海現狀--「非分裂，但也非統一」，卻又規範了「非和平手段」的使用，同時設定台灣與大陸的終極走向是「統一」，使研究這部法律是否符合國際法上的「合法動武」、「住民自決」具有相當程度必要性。

一、聯合國憲章關於禁武規定

根據《聯合國憲章》第 2 條第 4 項的規範，「各會員國在其國際關係上不得武力使用或威脅，或以與聯合國宗旨不符之任何其他方法，侵害任何會員國或國家之領土完整或政治獨立」，條文建立了對於武力使用的一般性禁止，更規定武力威脅（threat of force）也同樣是屬於禁止範圍內，因此，戰爭當然是非法的，更進一步，凡是有侵害其他國家之「領土完整或政治獨立」的武力使用或武力威脅都一律被禁止，此外，雖然憲章是要求「聯合國會員國」在其國際關係上，遵守武力非法化的規定，但是這條規定已經獲得國際習慣法（customary international law）的地位，對於所有國家均有拘束力；國際法院更進一步指出國際法委員會（International Law Commission）在進行條約法的成文化過程中，曾表示第 2 條第 4 項不僅是一項國際習慣法，更具有「絕對法」的地位[28]。

---

[28] 楊永明，〈國際法與禁止武力使用和威脅〉，《美歐月刊》，第 11 卷第 2 期，民國 85 年 2 月，pp.98~pp.103

不過,《聯合國憲章》同時也列出了數項例外,亦即在這些例外情況下,武力的使用或威脅是合法允許的。這些例外條款包括:第51條的自衛條款、第7章的聯合國集體安全制度等,由於台海衝突時出現聯合國部隊介入、助台對抗中共的狀況微乎其微,因此只須將重點放在自衛。憲章第51條規定,聯合國任何會員國受武力攻擊時,在安全理事會採取必要辦法,以維持國際和平及安全以前,本憲章不得認為禁止行使單獨或集體自衛之自然權利[29],中國大陸認為,國家凡是遇到武力攻擊或迫在眉睫的威脅,可合法發動自衛戰爭,但不得以自衛為借口,發動侵略戰爭[30]。

二、反分裂法規範內容屬國際或國內事務之探究

質疑《反分裂國家法》違反國際法的學者認為,由於一個主權獨立國家的決定,最重要的是是否符合國家之客觀要件,任何國家的憲法或法律主張,無法改變客觀的事實,因此一方面中共以憲法及《反分裂國家法》虛擬地宣稱其領土及於其他國家,在國際法上沒有任何效果,另一方面,中共身為聯合國一員,又是安理會五大常任理事國之一,理當遵守國際規範,以「非和平手段」威脅台灣,完全違反《聯合國憲章》的禁用武力規定[31],甚至可能觸犯國際刑

---

29 《聯合國憲章》,http://www.un.org/chinese/aboutun/charter/chapter7.htm
30 張瑞忠等編,《輿論戰 心理戰 法律戰 300 問》,(北京:軍事科學出版社,2004.11),p.234
31 鄧衍森,〈從國際法論中國反分裂國家法有關法理上之問題〉,《台灣國際法季刊》,第2卷第3期,2005.11,pp.19~pp.35

事法庭所訂之「侵略罪」、「破壞和平罪」等受普遍性管轄（Universal Jurisdiction）的國際犯罪，破壞地區和平穩定[32]。

但也有學者認為，「兩岸事務是否屬國（中華民國或中華人民共和國）內管轄事務」，情況複雜。與中華民國有邦交的國家固然會較同意兩岸事務不是國內管轄事務，但對全球多數已與中共建交的國家來說，因為北京在與各國建交時，多會在公報中承認一個中國原則、北京是中國唯一合法的代表政府，對中共的邦交國而言，他們幾已認可兩岸事務屬國內管轄事務[33]。因此，兩岸客觀事實並非前派學者所論般，只是單純「國與國關係」。

表 3-2　台灣邦交國的「世界比重」

世界	我國邦交國	比例
世界國家總數	我國邦交國數	占世界比例
192	26	約 14%
世界人口（2003 年）	我國邦交國總人口	占世界比例
62 億	約 9644 萬	約 1.6%
萬世界陸地面積	我國邦交國總面積	占世界比例
1495 億 km	1843679km	約 1.2%

資料來源：陳長文，〈反分裂國家法與聯合國憲章之武力禁用〉，《展望與探索》，第 4 卷第 1 期，民國 95 年 1 月，p.95

若以「兩岸事務屬國內管轄事務」為前提續推，雖然《聯合國憲章》第 2 條第 4 款的武力禁用原則，但同條第 7 款卻對這樣的原

---

[32] 吳志中，〈中國反分裂國家法之法律問題〉，《台灣國際法季刊》，第 2 卷第 3 期，2005.11，pp.89~pp.102

[33] 陳長文，〈反分裂國家法與聯合國憲章之武力禁用〉，《展望與探索》，第 4 卷第 1 期，民國 95 年 1 月，p.95

則，創設了一項「前提性排除」，就是：「本憲章不得認為授權聯合國干涉在本質上屬於任何國家國內管轄之事件，且並不要求會員國將該項事件依本憲章提請解決；但此項原則不妨礙第 7 章內執行辦法之適用。」換言之，中國大陸一旦對台灣採非和平手段，是否違反《聯合國憲章》的條文，關鍵並不在於「威脅或武力」的絕對客觀判斷，而在於第 2 條第 7 款，這樣的威脅或武力採用是否是「本質上屬於任何國家國內管轄之事件」的相對主觀判斷。

　　一旦中共對台採非和平方式，聯合國會否判斷該情形屬於「國內管轄」，若以結果論，會有三種情況。一是「作出否的判斷」；二是「作出是的判斷」；三是「不判斷」，只有第一種情況對台灣有利，第二、第三種情況對台灣而言都是不利的，因為第二的情況，代表間接「肯定」中國大陸的非和平行為無違《聯合國憲章》，第三的情況，則代表聯合國「坐視、漠視」中國大陸的行為，二者的效果，或有「宣示強度上」的差別，但在「實際意義」上，卻是相同的，那就是台灣得不到聯合國的實際援助[34]。

　　其實，除國家實體外，「事實實體」在國際慣例上也有被適用於禁止使用武力的空間。事實實體因其國家地位受某種因素未能獲得國際社會普遍承認，但畢竟在某一領土範圍內行使相當時間的穩定統治，因此可被視為國際法下特殊的「國際法人」，受到國際法的規範。此外，國際實踐中亦不乏聯合國對事實實體向其他國家所發動的武力行為給予譴責或干預，如 1950 年韓戰爆發時，聯合國對尚未受到國際普遍承認的北韓與中共的反應，即為著名例子。因此像是

---

[34] 陳長文，〈反分裂國家法與聯合國憲章之武力禁用〉，pp.94~pp.95

Christian Hillgrüber 這一派的國際法學者認為，從禁止使用武力原則
之目的與發展過程來看，禁武原則理論上雖可適用於具有某種程度
獨立國際法律人格的事實實體，不過在實踐上，當事的政治實體間
對於彼此之疆界所作的任何規範性協議，或國際社會對於當事者關
係定位之認定，將影響國際法禁止武力使用原則的適用[35]。因此禁
武原則能否適用於台海兩岸，在國際法上不無爭議，更重要的是，
反分裂法中第八條「非和平手段」的範圍廣泛，並非單指動武，更
增添國際介入的難度。

貳、反分裂法關於國際法住民自決的辯證

認為反分裂法違反國際法對自決權保障者認為，《聯合國憲章》
第 1 條第 2 項規定：「尊重人民的同等權及自決原則，以此為基礎而
發展諸國間的友好關係」。1966 年的兩項國際人權公約「關於經濟
的、社會的以及文化的權利國際盟約」（A 公約）、「關於公民權利以
及政治權利國際盟約」（B 公約），兩約第一條均明指「所有人民皆
有自決的權利，基於此權利，所有人民得自由地決定其政治地位」。
北京使用《反分裂國家法》而非《統一法》，事實上就是排除「東西
德」、「歐盟」等模式，也排除「聯邦」、「邦聯」等模式，而以法律
形式確立中國已經統一的單一內涵，既禁止台灣獨立的選項，連統
一方式的選擇也一併排除，完全違反人民自決權的基本人權[36]。

---

[35] 蔡琇安，〈國際法「禁止使用武力原則」與台海兩岸關係〉，《問題與研究》，
　　　第 46 期，第 1 卷，pp.156~pp.161
[36] 吳志中，〈中國反分裂國家法之法律問題〉，pp.83~85

　　台灣外交部在 2005 年 3 月 29 日發布新聞稿，指明根據主權在民理念及聯合國憲章明文規訂之人民自決原則，中華民國主權屬於台灣二千三百萬人民，1933 年「蒙特維多國家權利及義務公約」規定之國家構成要素以及外交實踐，中華民國作為主權獨立國家之地位不容置疑，反分裂國家法是中共片面制訂之國內法，該法宣稱「台灣是中國的一部分」並主張以非和平手段實現統一，違反人民自決原則並侵犯中華民國主權，台灣官方與部分國際法學者的論點都質疑反分裂法違反國際法中的「住民自決」原則。

　　但依北京的角度，台灣是中國領土一部分的法律地位，無論在國內法還是在國際法上，都已經是明確的，不存在用公民投票方式決定是否應自決的前提，尤其「主權在民」是指主權屬於一個國家的全體人民，而不是指屬於某一部分或某一地區的人民，對台灣的主權，屬於包括台灣同胞在內的全中國人民，而不屬於台灣一部分人，1945 年以後，台灣既不是外國的殖民地，又不處於外國佔領之下，不存在行使民族自決權的問題[37]。若以全球多數國家承認北京為全中國合法政府的前提檢視，北京的詮釋也有一定的法理支撐。

參、中共的巧門

　　中共的邏輯是，「和平」與「安全」的性質不同，例如 1931 年日本軍事侵略中國東北，當時南京政府為免事態擴大，要求軍隊不要抵抗，結果是固然中日之間保持一時和平，卻使中國生存安全面

---

[37] 〈一個中國原則與台灣問題〉，《中華人民共和國國務院新聞辦公室》，2000.3，http://news.xinhuanet.com/zhengfu/2002-11/14/content_630040.htm

臨更嚴重的挑戰，因此，「和平是人類追求的目標之一，但不是國家安全的最高目標；和平是解決利益衝突的一種方法，但並非最有效方法」[38]，由此觀之，中共既將「台獨」視為嚴重妨害國家安全、國家利益的因素[39]，必要時採非和平手段，並無不妥。

　　一項為國人所忽略的趨勢是，中共已開始拋出「台獨恐怖主義」的新論述，認為台灣內部提出「攻擊三峽大壩」、「襲擊上海東方明珠電視塔」等言論，以及為「邪教」（法輪功）提供干擾大陸的衛星行動，這種威脅人口密集地區與危害大陸通訊等手段，可說是一種「新型台獨恐怖主義」手段[40]。在中共軍方相關研究中，早已把「國家制止分裂的戰爭（如俄羅斯進軍車臣）、中央政府以武力打擊叛亂或分裂團體、國際反恐戰爭的合法性」等，列為合法自衛戰爭並做為法律戰教材[41]。

　　此外，以美國攻打伊拉克為例，雖然多數國際法權威學者均指出美國的軍事行為是直接違反聯合國憲章的。但美國還是出兵了，甚至軍事行動成功後，迄今也沒找到得以支持當初出兵的理由－伊拉克擁有毀滅性武器－的證據，美國以強權為「法律解釋」的實力

---

[38] 閻學通，〈和平的性質〉，《中國學者看世界5》，pp.9~pp.21

[39] 中共在其2006年《國防白皮書》中稱:「中國的安全仍面臨不容忽視的挑戰……台灣當局實行激進台獨路線，加緊透過推動所謂憲政改造謀求台灣法理獨立，對中國的主權和領土完整、臺海及亞太地區的和平穩定構成嚴重威脅」。《2006年中國的國防》，國務院新聞辦公室，2006.12，http://news.xinhuanet.com/politics/2006-12/29/content_5546076.htm

[40] 〈專家訪談：要警惕台獨恐怖主義的出籠〉，《中國網》，2005.6.17，http://big5.china.com.cn/chinese/junshi/589685.htm；〈台灣曾密謀攻擊上海〉，《新華網》，2005.6.17，http://news.xinhuanet.com/herald/2004-06/17/content_1531371.htm

[41] 叢文勝等編，《法律戰100例》，pp.2~pp.11

背景，扭曲了法律正義[42]，而國際上也不乏知名學者挑戰《聯合國憲章》第 2 條第 4 項「武力禁用」的國際法效力與拘束力，認為憲章制訂以來，國家使用武力侵犯其他國家的領土主權和法律權利的案例層出不窮，聯合國的憲章規範猶如「未穿服飾的國王，缺乏應有的尊嚴和權威」[43]，相信這些事例或多或少都對中共制訂《反分裂國家法》時的非和平手段條款，帶有啟發作用。

　　簡單而言，中共在反分裂法中的台海現狀論述為「台灣與大陸同屬一個中國」，藉此與國際主要國家的一中政策連結，因此無論對台灣的和平或非和平手段，自屬國內事務，不容他國介入。更何況以台海問題本身的複雜性，更增添國際介入的難度，尤其再將台獨定位為恐怖主義，合法化必要時對台採非和平方式的作為，中共操作反分裂法的法理手段殊值國人注意。

小結

　　簡而言之，《反分裂國家法》具有下述特點：一、北京將歷年對台政策予以法律化；二、承諾力圖維持現狀；三、對台獨採「非和平手段」不等同對台動武；四、間接表達「排除以武促統」的訊息；五、兩岸交流從國台辦政策提升為各職能部門的法定工作，使對台政策提升為政府各部門為國家統一而必須全面配合的政策[44]，有助

---

[42] 陳長文，〈反分裂國家法與聯合國憲章之武力禁用〉，p.97

[43] 楊永明，〈國際法與禁止武力使用和威脅〉，pp.103~pp.107

[44] 楊開煌，〈反分裂國家法對兩岸關係之影響〉，p.2

於國務院對內部部門利益的協調，一定程度也節制解放軍動台動武的任意性。尤其北京伴隨其綜合國力崛起，開始對中外華人建構「振興中華」的統一戰線[45]，把都樂見中國未來統一、富強等具有相近史觀的全球中國人（大陸、海外華僑、部分台灣民眾）凝聚一起，無形中也邊緣化了近年來推動「去中國化」不遺餘力的台灣民進黨政府及泛綠人士在全球華人心中的地位。

　　由於中共始終不放棄以武力方式解決台灣問題的可能性，堅持對台灣使用武力乃其處理國內事務之主權合法行使、不受國際法限制。從國際法禁止使用武力原則的目的與相關實踐來看，現階段台灣在國際法下的國家地位雖有爭議，但不影響作為一個受國際法規範與保障的事實實體。不過在兩岸關係中，由於中共堅持台灣問題為中國內政，且國際社會對中共武力犯台是否違反禁止使用武力原則，並未表現出明確態度，而使此一原則是否適用於兩岸關係，充滿不確定性[46]。

　　我們可以不高興《反分裂國家法》的制定，也可以暢言反對其中我們所不認同的部分，卻也應該同時客觀地認知，援引國際法用於兩岸事務，這中間涉及的爭議複雜性，將更加深國際法的侷限性。從先前整理歸納，《反分裂國家法》中，扣除第十條的制式用語，九條條文中八條同事具有對台「正面」及「負面」意涵，吾人更應從「對台灣有利的角度」解讀《反分裂國家法》，避免出現冒進行為，自己坐實「麻煩製造者」、正中北京下懷，方為正途。

---

[45]　陳毓鈞，《胡錦濤時代的中美台動向》（台北：海峽學術，2006），pp.114~117
[46]　蔡琇安，〈國際法「禁止使用武力原則」與台海兩岸關係〉，p.147

第四章

反分裂國家法通過後的各方反應

　　因為中共在《反分裂國家法》中一方面賦予「依法交流」的依據，一方面又宣示必要時可採「非和平手段」，使得反分裂法通過後的兩岸情勢備受矚目，在「促進和平法」與「戰爭授權法」的拉拒中，本章嘗試藉由中外反應及相關事件，檢視兩岸情勢的變化。

第一節　台灣與國際對立法通過的談話及反應

　　本節檢視台灣與國際對反分裂法的解讀與動態。台灣政府將反分裂法形塑為對台動武法訴諸國際社會，對內則以遊行抗議、「終統」風波回應反分裂法。國際間的解讀呈看法不一局面，但歐盟暫緩解除對中武禁，是國際間唯一具體反應。

壹、台灣解讀 藍綠有異

一、政府強烈反彈

　　中共在 2004 年 12 月底公開表示將制定《反分裂國家法》後，在台灣掀起波濤，台灣對於如何因應這項法案發展，呈現「情緒反彈」與「反制對抗」的思維，至於採行表達的方式則是訴諸於國際社會，將《反分裂國家法》定位為「單方面破壞台海現狀」之舉，另一方面，則是藉由發起大規模遊行，塑造出台灣全民反對北京對台動武的印象，爭取國際同情。

　　總統陳水扁先是於 2005 年 1 月 19 日接受日本《每日新聞》專訪的機會指出，《反分裂國家法》不是所謂的「和平統一法」，而是「戰爭法」，希望能夠為武力吞併台灣取得所謂的法源依據，完全是針對美國的「台灣關係法」而來，他擔心台灣內部有人主張應該要

通過「反中共併吞法」，或利用該年五二六台灣還有一次全國性投票選出任務型國大時，針對《反分裂國家法》來作相關的公民投票，他認為《反分裂國家法》逼使台灣人民不得不走向街頭，或逼使台灣不得不進行相關的反制公投，這是台灣政府與他本人所不願意看到的事、所不願意看到的發展，也希望北京當局想清楚[1]。

隨後陳總統利用同年 3 月 1 日透過視訊會議與歐洲議會議員及新聞媒體對話時，指北京若堅持通過反分裂法，是一項「明顯並且片面」破壞台海和平現狀的作為，因為它將賦予中國對台海現狀的法理定義權，讓北京當局同時成為仲裁者跟制裁者。此舉不但嚴重斲傷台灣人民追求兩岸關係正常化的苦心，更嚴厲挑戰亞太區域的安全、和平與秩序，將使兩岸關係「烏雲密布、暴雨狂驟」[2]；到 3 月 10 日，陳總統先利用接見美國猶太裔國家安全事務協會訪問團時指「感謝美國政府各界嚴正關切對岸推動反分裂法立法工作」，同日晚間，再利用參加美國商會晚宴致詞時，強調對兩岸情勢發展，抱持「和解不退縮、堅定不對立」立場，表明台灣有絕對的誠意與善意來達成和解的目標，讓台灣做到「亞太區域和平的捍衛者」的角色[3]。綜觀以上，陳總統主要是利用接見國際人士的場合，一方面將反分裂法型塑為片面改變現狀的戰爭法，另一方面拉攏美國，凸顯台灣才是和平捍衛者。

---

[1] 〈總統在台南接受日本每日新聞社及下野新聞社聯合專訪〉，《總統府新聞稿》，2005 年 1 月 20 日，http://www.president.gov.tw

[2] 〈總統晚上透過視訊會議與歐洲議會議員及新聞媒體進行對話〉，《總統府新聞稿》，2005 年 3 月 1 日，http://www.president.gov.tw

[3] 〈總統應邀出席「美國商會」所舉辦一年一度的「謝年飯」〉，《總統府新聞稿》，2005 年 3 月 10 日，http://www.president.gov.tw

　　行政院陸委會是在中共公布《反分裂國家法》立法說明後發表嚴正聲明強調，中共藉由此法企圖否定中華民國主權、片面改變台海現狀，且該法存在諸多不確定的法律概念，又欠缺後控機制，實質上等於向中共軍方開出對台動武的空白支票及空白授權書，證明中國武力侵略的本質，對於此一漠視台灣人民意志、侵犯台灣人民自由選擇的惡意企圖和粗暴手段，我方將提出最強烈抗議[4]。

　　外交部則就反分裂法撰寫「中華民國（台灣）政府立場」國際說帖，並派員赴歐美日等國宣達，強調中共軍事現代化正加速對台灣動武準備，反分裂國家法片面認定動武條件，台海隨時可能爆發衝突危機。外交部認為，北京制訂反分裂法的意圖之一就是在法律層次上為侵略台灣鋪路，同時透過重申台灣係其內政問題，向國際社會宣示其對台政策紅線，作為向關切台海局勢的國際其他國家討價還價的籌碼[5]。

　　其他政府要員的相關談話還包括：副總統呂秀蓮指中共的《反分裂國家法》已片面改變台海現狀，是挑釁行為，公然違反聯合國憲章，台灣應用國際手段進行法律戰，進行保衛我國安全、尊嚴、幸福的神聖戰爭[6]；時任行政院長的謝長廷先是指中共制定《反分裂國家法》缺乏智慧、將破壞兩岸未來共生的基礎，不僅引起多數台灣民眾的反感，他希望中共不要誤判台灣主流民意，要求中共對兩岸和解做出更積極的貢獻，而非停留在恐嚇與攻擊的作為上[7]。謝長

---

[4]　〈中共審議「反分裂國家法」完全暴露武力侵略本質〉，《陸委會新聞稿》，2005 年 3 月 8 日，http://www.mac.gov.tw/index.htm

[5]　劉永祥，〈外交說帖：反分裂法為侵台鋪路〉，《聯合報》2005.3.30.A13 版

[6]　林淑玲等，〈扁靜觀國際反應 蓮提聖戰說〉，《中國時報》2005.3.10.A2 版

[7]　蔡慧貞，〈謝揆喊話 別誤判台灣主流民意 堅持和平與尊嚴對等〉，《中國時

廷更指出，若是反分裂法提供中共武力犯台的空白授權，他贊成修改中華民國憲法第一到第六條的內容[8]（即俗稱修憲拿掉一中）。

　　在野的台聯黨則呼籲政府發動防禦性公投，選在 2006 年五二六國大選舉投票日同一天，由台灣人民公投是否同意如中共反分裂法中說的「台灣是中國的一部分」，並推出台聯黨版「反併吞法」草案，凸顯一中一台[9]。

二、泛藍陣營反彈節制

　　最大的在野黨－國民黨，則是在《反分裂國家法》通過後發表聲明，強調「堅守憲法、反對台獨、反對動武、交流促和」的立場[10]；時任國民黨主席的連戰指出，《反分裂國家法》的通過，充分代表北京對台灣未來走向的高度不確定感，原因是台灣目前主政者與部分具台獨建國意識的政治人物，抓緊 2007 年中共 17 大、2008 年台灣總統大選、2008 年美國總統大選，尤其 2008 年北京奧運，因而「有人」提出台獨時間表、2006 公投制憲、2008 完成建國等一系列「台獨建國戰略」，帶動北京領導階層的集體憂慮，因而制訂《反分裂國家法》；連戰並提出兩岸應立即進行對話協議談判磋商，簽訂和平協議，和平協議的重點包括「台灣方面宣佈放棄台灣獨立、而中共當

報》2005.3.3.A3 版

8　《立法院公報》，第 94 卷，第 10 期，院會記錄，p.114

9　蔡惠萍等，〈綠營：非和平手段就是動武〉，《聯合報》2005.3.9.A2 版

10　〈中國國民黨對大陸反分裂法的聲明〉，《中國國民黨全球資訊網》，2005 年 3 月 17 日，http://www.kmt.org.tw

局宣佈放棄武力攻台」，即「不獨不武」，雙方簽署三十年到五十年
的和平協議[11]。

親民黨主席宋楚瑜則早在 2005 年 2 月 24 日「扁宋會」（反分裂
法尚未通過前），即明指反分裂法是「台灣某些人逼出來的」[12]；在
《反分裂國家法》通過後，宋楚瑜表示，中共將「大陸和台灣同屬
一個中國」以法條明文方式呈現，代表大陸已承認兩岸分治的現實，
對於民進黨政府發起三二六大遊行，宋楚瑜認為「情緒性的應對」
升高兩岸人民與政府敵對情緒，並不符合全民的利益[13]。

當時的台北市長馬英九更在《反分裂國家法》通過後，與十二
位縣市長舉行國際記者會，對中共表達抗議，指此舉嚴重錯估台灣
主流民意，傷害人民尊嚴，更暴露出其政權窮兵黷武本質，呼籲雙
方領導人以智慧、理性謀和平共存。簡單來說，在野的泛藍黨派雖
也反對《反分裂國家法》，但表現的較泛綠節制，他們認為是「台獨」
逼出《反分裂國家法》，因此在發聲抗議之餘，主張與中國大陸交流，
才能促進和平。

三、台灣民眾對反分裂法反感

北京公布將制訂《反分裂國家法》後，行政院大陸委員會委託政
大選舉研究中心於 2005 年 2 月 25 日至 27 日實施民調[14]，結果顯示：

---

[11] 〈連戰：兩岸應簽和平協議 不獨不武 30-50 年〉，《中國國民黨全球資訊網》，
2005 年 3 月 24 日，http://www.kmt.org.tw

[12] 陳敏鳳，〈宋：反分裂法 台灣逼出的〉，《聯合報》2005.2.25.A3 版

[13] 何明國等，〈宋楚瑜：大陸承認兩岸分治〉，《聯合報》2005.3.15.A4 版

[14] 〈台灣地區民眾對中共制訂「反分裂國家法」的看法〉，《陸委會網站》，

（一）有六成以上（60.5%）受訪民眾同意「兩岸現狀就是『中華民國是一個主權獨立的國家，與中華人民共和國互不隸屬』」的說法，認為《反分裂國家法》單方面預設「統一」為兩岸唯一選項，否定中華民國主權。

（二）有八成以上（82.3%）民眾不贊成對岸制訂反分裂法作為武力犯台合法藉口的作法。

（三）六成一（60.6%）的民眾認為反分裂法對兩岸交流會有不好的影響七成四（74.1%）的民眾不相信中共「反分裂法不會損害台灣民眾」說法；五成五（55.1%）民眾認為對兩岸未來進行談判協商會有不好的影響。

隨後，陸委會在《反分裂國家法》草案公布後、法條通過審議前，另委託國策研究院於 2005 年 3 月 9 日至 12 日執行民調[15]，結果顯示：

一、九成以上（93.4%）受訪民眾不同意反分裂法中，授權中共可使用「非和平手段」解決問題。

二、對於反分裂法草案指「台灣和大陸主權爭議的問題，是中華人民共和國的國內事務，不容國際干涉」的主張，有七成以上（70.9%）的民眾表示不接受，顯示台灣民眾反對兩岸問題被中共單方面「國內化」及採非和平方式。

---

http://www.mac.gov.tw/

[15] 〈國內民意對中共「反分裂國家法」內容之反應〉，《陸委會網站》，2005.3.13，http://www.mac.gov.tw/

　　另根據《中國時報》所做民調顯示，有六成八的受訪者知道中共制定《反分裂國家法》，知曉此事的受訪者中，五成六對中共此舉產生反感，二成五的人表示不會有特別感受，一成九的民眾未表示意見[16]。

　　在《反分裂國家法》通過後近一年，陸委會於 2006 年 2 月所公布的民調顯示，仍有六成六至九成三的民眾不贊成中共制訂《反分裂國家法》，以非和平方式解決兩岸主權爭議，或作為武力攻台的合法藉口；對於中共宣稱該法不會侵害台灣人民權益的說法，七成四至八成五的民眾表示不相信；五成五至六成一的民眾認為《反分裂國家法》不利於兩岸交流。

　　但對於面對中共制訂《反分裂國家法》，是否應連帶調整政府推動兩岸交流的速度，民眾看法紛歧，有四成的民眾認為應維持不變，有二成一的民眾認為應放慢，另三成一的民眾則認為應加快，對於政府是否應該和大陸加強溝通協商還是減少或停止大陸的交流，有個別民調顯示，七成二民眾認為仍應加強協商溝通[17]。到了 2007 年 2 月陸委會的民調則顯示，七成二至八成九的民眾不同意中共《反分裂國家法》以非和平的手段來解決兩岸主權爭議問題，另超過五成的民眾認為《反分裂國家法》通過近兩年來，對台灣經濟有影響，但對於是否影響兩岸關係，認為「有影響」的比例為四成，「沒有影響」的比例四成六，此外，民眾認為兩岸關係變壞的佔三成九至四成九[18]。

---

[16] 〈本報最新民調 五成六民眾對反分裂法反感〉，《中國時報》，2005.3.9.A4 版

[17] 〈民國 94 年民眾對大陸政策及兩岸關係的看法綜合分析報告〉，《陸委會網站》，2006.2，http://www.mac.gov.tw/

[18] 〈民國 95 年民眾對大陸政策及兩岸關係的看法綜合分析報告〉，《陸委會網站》，2007.2，http://www.mac.gov.tw/；陸委會在分析報告的寫法上，會把針

從 2005 到 2007 年的民調顯示，台灣民眾普遍對反分裂法中「非和平方式」維持高度反感，但筆者認為，因台灣目前所有問卷設計，從沒有「反分裂法規定北京涉台官員必須依法從事交流」、「非和平方式條文中隱含限制動武機制」等角度，使得台灣民眾對於《反分裂國家法》的觀感，只停留在「戰爭授權法」上，應是造成台灣民眾始終對反分裂法反感的重要原因之一。

貳、台灣因應反分裂法的行動

台灣對反分裂法嚴詞抨擊之餘，在實際行動上採取官方發動遊行示威、發動國際宣傳重新強調中共在台海武力威脅，2006 年並以「終統」來回應反分裂法。

一、遊行抗議　綠熱藍冷

由於美國方面認為，陳總統在 2004 年底立委選舉期間，發表一系列正名制憲言論已踩到台海的紅線，因此民進黨政府一開始完全配合美方，不做「麻煩製造者」，官方採取「抗議但不挑釁」[19]，但仍透過動用行政資源，在 2005 年 3 月 26 日發動「三二六遊行」，並

對相同議題但不同機構所做的民調全部羅列，並取最低數字與最高數字，做區段呈現，舉例來說，「六成六至七成九民眾認為中共對我政府有敵意」，是指陸委會所委製的民調中，委託甲機構所做的數字最低，委託乙機構所做數字最高，而其他機構所做數字則處於六成七到七成八之間。

[19] 吳典蓉等，〈反反分裂法 我抗議不挑釁 配合美方〉，《中國時報》2005.3.13.A2 版

在獲悉美國不反對下，由陳總統率領政府官員走上街頭[20]，陳總統僅在凱達格蘭大道上與群眾一同高呼「保民主‧愛和平‧護台灣」口號，全程未發表任何談話。

值得觀察的是，台北執政者發動大遊行，希望藉人民發聲爭取國際同情，但全場均為綠營及獨派旗幟，參與遊行者無人手持中華民國國旗，泛藍黨派及團體更全數未參與遊行。顯示台灣內部民眾對是否以遊行做為對反分裂法的抗議，出現兩極化分歧[21]。

二、訴諸國際宣傳

另一方面，台灣透過友邦，分別於 2005 年、2006 年在聯合國大會總務委員會中運作，先後提出「和平案」（陳述台海緊張的情勢、「反分裂法」對台威脅，以及中國企圖以非和平方式處理台海問題等事實），以及「聯合國應該在維護東亞地區之和平與安全上扮演積極角色」（簡稱「東亞和平案」）[22]。雖然最後都未被列入議程，但凸顯的也是台灣利用國際管道，將反分裂法形塑為面改變台海現狀

---

[20] 陳敏鳳，〈獲悉美不反對 扁決親上街頭〉，《聯合報》2005.3.25.A3 版

[21] 另根據《蘋果日報》在 326 遊行前所做的民調結果，三成八的民眾表態會參與遊行，四成五表示不會，這項比例也大致接近台灣藍綠選民的板塊。〈你是否響應陳總統號召，參與 3/26 百萬人民護台灣遊行、抗議《反分裂法》〉《蘋果日報》2005.3.13.A1 版

[22] 〈「第六十屆聯大總務委員會審議相關友我提案」〉，《外交部新聞說明會紀要》，2005 年 9 月 14 日，http://www.mofa.gov.tw；〈「第 61 屆聯大總務委員會審議我案情形」〉《外交部新聞說明會紀要》，2006 年 9 月 13 日，http://www.mofa.gov.tw

及威脅對台動武的法律，希望引導國際介入《反分裂國家法》通過
後的台海局勢。

　　據某位與美方官員接觸的台灣官員指出，美國希望台灣承受這
一擊（反分裂法），讓美日作為台灣的反彈後座力，而台灣也頗為享
受「被迫害者」的角色，反可彰顯中共是「問題製造者」，以扭轉
2003 年台灣通過公投法以來的逆勢[23]；這個形容，應就是台北官方
因應《反分裂國家法》的最高戰略指導原則。

三、以廢統回應反分裂法

　　總統陳水扁於 2006 年 1 月拋出的「廢統」風波，是反分裂法通
過後第一個衝擊台海及美中台三邊互動的議題，台灣官方透露，「廢
統」並非即興之作，而是因應北京通過《反分裂國家法》、對台灣展
開「一中」法律戰的策略[24]。

　　陳水扁先於 2006 年 1 月 29 日與台南縣鄉民新年餐敘時說，「我
們應該要走自己的路，所以大家在喊、在呼籲、在要求是否要廢除
國統會、廢除國統綱領，他覺得應該要認真來思考，在適當的期間
好好來處理，這是非常嚴肅的課題，因為大家知道，國統會只剩下
一個招牌，如果一間店不但招牌已經不見了，而且沒東西可賣，這
樣的機構、這樣的國統會、這樣的國統綱領要來追求什麼共同的統
一，甚至在綱領中來接受所有一個中國的原則，這都是非常有問題

---

[23]　郭崇倫，〈草案公布前　兩岸曾透過學者接觸〉，《中國時報》2005.3.9.A2 版
[24]　蘇永耀，〈廢統　抵禦反分裂法〉，《自由時報》，2006.2.7.A2 版

的，所以他要與大家共同勉勵，好好處理這嚴肅的課題」[25]，隨後在 2006 年 2 月 27 日的國安會議中裁示「國統會應予終止運作（cease to function），不再編列預算，原負責業務人員歸建；《國統綱領》應予終止適用（cease to apply），並依程序送請行政院查照」，陳總統強調，基於《國統綱領》「非國家法律文件」，且不符主權在民原則，因此政府決定終止運作，國統會之終止運作及《國統綱領》之終止適用，不涉及現狀之改變[26]。

廢統風波導致美國關切後，陳總統又說，原先台灣希望用廢除（abolish），但美方建議希望用凍結（freeze）或中止（suspend），後來我們建議用「終止運作」及「終止適用」取代廢除；英文則用 cease to function、cease to apply[27]。陳總統的說法等於間接承認了台灣受到美方壓力而妥協，但事後又在國內公開場合言明，終止國統會的運作、國統綱領的適用，與契約的終止，動員勘亂時期的終止相同，「答案已經非常清楚了，終止契約，契約還在嗎？終止動員勘亂時期，動員勘亂時期還在嗎？」，甚至以「四不一沒有那麼重要，好像顛撲不破的真理，那今天朝野早就坐下來了，為何還有去年三月的反分裂國家法？當時也沒有終統、也還有四不一沒有啊！」，首度質疑自己的「四不一沒有」[28]，利用文字迂迴宣示廢除國統會與《國統綱領》以及淡化「四不一沒有」。

---

[25] 〈總統與台南鄉親歡聚新年團圓餐敘〉，《總統府新聞稿》，2006.1.29，www.president.gov.tw

[26] 〈總統主持國安高層會議〉，《總統府新聞稿》，2006.2.27，www.president.gov.tw

[27] 〈總統接受美國華盛頓郵報專訪問答內容〉，《總統府新聞稿》，2006.3.14，www.president.gov.tw

[28] 〈總統會晤中國國民黨主席馬英九〉，《總統府新聞稿》，2006.4.3，www.

參、國際解讀不一

北京通過《反分裂國家法》後，國際間的解讀各有不同，可歸納為反對但無制裁、支持，以及觀望等幾種面向，相較於 1989 年六四事件，國際對北京制訂反分裂法的回應並不強烈。

一、美日歐反對但無制裁

1.美國：強調兩岸都不能片面改變現狀

中共於 2004 年底釋出將制訂反分裂法的訊息後，美國的態度便是各方觀察的指標；儘管中共國務院台灣事務辦公室主任陳雲林在 2005 年元月訪問華府，向美國說明反分裂法若干方向，但美方的態度基本上是「未看見法案內容，不便評論」，並重申美國對華政策的主軸，即三公報一法案。從 2004 年底到 2005 年 2 月這個階段，美國一方面向北京打探，例如派遣國家安全會議亞太部門資深主任葛林攜帶著美國總統布希的親筆信函給中共國家主席胡錦濤，表明希望對該法有多一點認識[29]，一方面在台北遊說，希望藉以減緩台灣的焦慮，從而減少衝擊[30]。

直到北京於 2005 年 3 月 8 日北京宣布反分裂法草案、美國看到具體內容後，態度趨於明確；白宮發言人麥克雷蘭於 2005 年 3 月 14 日發表聲明表示，中共通過反分裂法一事是「不幸的」

president.gov.tw
[29] 劉屏，〈葛林訪北京 交布希信給胡錦濤〉，《中國時報》2005.2.3.A13 版
[30] 劉屏，〈美穿梭兩岸 兩面應戰〉，《中國時報》2005.3.10A2 版

（unfortunate），對台海安定和平並無助益（not helpful），他重申美國的「一中政策」，要兩岸任何一方都不該片面改變現狀，美國會繼續鼓勵兩岸對話[31]，此外，麥克雷蘭表示，美國總統布希對反分裂法感到不悅（not happy）[32]。

美國國務卿萊斯則在 2005 年 3 月下旬訪問北京後，在北京直言反分裂法不受歡迎（not a welcome development）、兩岸都不應片面改變現，她總結反分裂法說：「我們不樂見兩岸任何一方做出片面動作，不管是企圖改變現狀或升高緊張，我們是依循這樣的脈絡，評論反分裂國家法」（We are not pleased when either side does anything unilaterally to either try to change the status quo or to increase tensions, and it's in that context that we commented about the anti-secession law），北京應在訂定反分裂法後採取步驟降低兩岸緊張（trying, hopefully taking measures in the wake of anti-secesion law）[33]。一般認為，萊斯這樣的說法，等於美國將反分裂法定調為「片面破壞現狀的行為」，但也反映美國已無法說服中共改變反分裂法存在的事實，只能默認並退而求其次，希望中共能拿出一些讓台灣受用的善意行動，緩解台灣的不滿[34]。

美國中央情報局（CIA）局長高斯（Porter J. Goss）指出，中國大陸制定《反分裂國家法》與台灣 2005 年 6 月國大投票的憲改時程，

---

[31] "Press Briefing by Scott McClellan"，For Immediate Release，2005.3.14，http://www.whitehouse.gov/news/releases/2005/03/20050314-6.html

[32] 劉屏，〈布希對中共不悅〉，《中國時報》2005.3.15.A1 版

[33] "Remarks to the Press in China"，Secretary Condoleezza Rice，China World Hotel，2005.3.21，http://www.state.gov/secretary/rm/2005/43678.htm

[34] 張宗智，〈美數落北京 卻默認反分裂法〉，《聯合報》2005.3.22.A3 版

同為衝擊兩岸氣氛的負面因素，尤其若北京認定台灣的憲改是採行永久分離的步驟，超出北京容忍的限度，美國相信北京準備動用不同程度的武力作為回應[35]。美軍方面，太平洋美軍司令法隆（Admiral William J.Fallon）指反分裂法以非和平方式解決台海歧異，為美國所不願見，中共制訂反分裂法「無助益且令人不安」[36]；美國參謀首長聯席會議主席邁爾斯在 2005 年 3 月 20 日表示，兩岸任一方都不准用武力改變現狀[37]。

美國直到 2005 年 4 月中旬，即北京通過《反分裂國家法》一個月後，才由國務院主管政治事務的次卿伯恩斯聲明，美國強烈反對中共通過反分裂法，並指反分裂法讓中共當局「自食苦果」（backfired），這也是美國官方對反分裂法最重的譴責用詞[38]。

2.日本：反分裂法帶來負面影響

日本首相小泉對北京通過反分裂法表示，希望此事不要給兩岸關係帶來壞影響，期待兩岸能彼此努力、和平解決，日本未來也會繼續努力呼籲雙方和平解決[39]，對中共在「反分裂國家法」中提到有關非和平方式，日本外務省報道官千葉明說，對兩岸問題，日本

---

[35] "Global Intelligence Challenges 2005: Meeting Long-Term Challenges with a Long-Term Strategy"，http://armed-services.senate.gov/statemnt/2005/March/Goss%2003-17-05.pdf

[36] 林寶慶，〈法隆：非和平解決台海歧異 美當然不願意見到〉，《聯合報》2005.3.10.A13 版

[37] 張宗智，〈美參聯主席邁爾斯：兩岸都不准動武〉，《聯合報》2005.3.22.A3 版

[38] 張宗智，〈美強烈反對反分裂法〉，《聯合報》2005.4.16.A1 版

[39] 楊佩玲，〈日相小泉：盼對兩岸無負面影響〉，《中國時報》2005.3.15.A6 版

政府「反對除了和平解決之外的所有方法」，並非常擔心中方所提的「非和平方式」可能對台海安定造成的負面影響[40]。

3.歐盟：反對任何升高台海緊張之舉

反分裂法通過後，歐盟發表聲明，籲請兩岸避免採取任何可能使緊張情勢升高的片面行動」，並重申歐盟政策指導的經常性原則，即其對一個中國原則與和平解決爭端的承諾，以及反對動用武力的立場，反分裂法提及使用「非和平方式」恐抹煞台海兩岸出現的和解跡象，歐盟感到憂慮，台海兩岸關係應仰仗建設性對話，因為歐盟相信這是唯一可能有利於兩岸，並促成台灣問題和平解決的作法[41]。

英、德二國則分別發表聲明，表示中共制訂《反分裂國家法》將對台海局勢造成衝擊，英國認為，台灣問題應由兩岸透過談判方式和平解決，而非採取火上加油的舉措，德國外交部的書面聲明則認為，台海問題必須和平解決，德國反對任何升高緊張的任何行動[42]。

二、法俄等國表示理解或支持北京

1.法國：理解反分裂法 肯定中共緩和台海的努力

法國總統席哈克於 2004 年 10 月應邀訪問中國大陸，重申「法國政府堅定支持一個中國政策，反對旨在加劇台海緊張局勢和導致

---

[40] 楊佩玲，〈反分裂法 日本明確表態反對〉，《中國時報》2005.3.12.A3 版
[41] 〈歐盟表態 籲兩岸避免升高緊張〉，《中央社》，2005.3.15
[42] 〈回應反分裂法 英德、歐盟反對北京升高緊張〉，《中國時報》2005.3.13.A13 版

台灣獨立的任何舉動」[43]，在反分裂法通過一個月後，法國總理哈法抵達北京並與中共總理溫家寶會晤，哈法表示，北京制定「反分裂國家法」的內容和條款與法國在台灣問題上的立場沒有任何矛盾，法國堅持一個中國原則，並高度評價中國政府為緩和台海局勢所做的努力[44]。

2.俄羅斯：支持北京任何涉及國家統一的政策

在中共公布將制訂《反分裂國家法》後，俄羅斯外交部發言人即表示，根據兩國 2001 年 7 月 16 日簽署的「俄中睦鄰友好合作條約」規定，俄方支持中方在涉及國家統一和領土完整問題上採取的政策，俄羅斯反對任何形式的台灣獨立，也不能接受「兩個中國」或「一中一台」；俄羅斯副外長阿列克謝耶夫在會見中共駐俄羅斯大使劉古昌時表示，俄方對中方通過立法反對分裂、維護國家統一的努力表示「完全理解和支持」，認為這有利於台海和亞太地區的和平穩定[45]，反分裂法通過後，俄羅斯外交部發表聲明指稱，從反分裂國家法內容看，是一部關於解決台灣問題的途徑與方法的法律，俄羅斯在台灣問題上堅持其原則立場不變，認為世界上只有一個中國，台灣是中國不可分割的一部分，俄國反對任何形式的台灣獨立，台灣問題是中國的內政事務，但聲明中也呼籲北京應嘗試採取和平方式解決兩岸爭議，將有利於亞太地區的穩定與和平；白俄羅斯外

---

[43] 〈法國總統席哈克訪中國大陸〉，《大陸情勢雙週報》，第 1447 期，中國國民黨全球資訊網，www.kmt.org

[44] 〈法理解反分裂 中般以飛機合約〉，《中國時報》2005.4.22.A11 版

[45] 〈俄羅斯支持中共制定反分裂國家法〉，《中央社》2004.12.19

交部則聲明指稱，反分裂法符合全體中國人民的根本利益，有利於台海與亞太地區乃至世界的和平與穩定[46]。

除法俄兩國外，新加坡外交部表示，反分裂法的主要目的是反對台獨、強調和平解決台海問題立場，新加坡「理解」北京在此時制訂反分裂法的理由[47]，另外像巴基斯坦、斯里蘭卡、蒙古、越南、約旦、葉門、尼日、牙買加、委內瑞拉、玻利維亞等國，則發表聲明表示支持北京制訂反分裂法[48]。

三、澳洲與東協採觀望或不表態

澳洲外長唐納於 2004 年八月訪問北京時表示，澳洲反對台獨，因為台獨將導致該區引發戰爭，屆時澳洲未必與美國站在同一陣線防衛台灣[49]，反分裂法通過後，唐納表示，澳洲政府主張中國應透過談判和平解決台灣問題，同時也不希望台灣採取升高雙方對立衝突的行動，像是台灣宣布獨立，但他也表示，澳洲政府「寧願反分裂法未通過表決」，對於美國若捲入台海戰爭衝突，澳洲是否應基於美澳紐公約（ANZ US Pact）的相互協防協議馳援台灣，唐納表示，澳洲政府將會與美國進行磋商，但這跟決定是否要參戰，「是極為不同的兩回事」，若台海發生戰爭衝突，澳洲不必然會支持美國一同對

---

[46] 〈反分裂法特別報導〉，《中國時報》2005.3.15.A6 版
[47] 〈連戰：兩岸應簽和平協議 不獨不武 30-50 年〉，《中國國民黨全球資訊網》，2005.3.24，www.kmt.org.tw
[48] 〈中共反分裂國家法國際宣傳技倆〉，《大陸工作簡報》（台北：陸委會，2005 年 4 月），p.14
[49] 劉屏，〈澳外長發言 美強調以美澳紐安全條約為準〉《中國時報》2004.8.20.A13 版

抗中國[50]；至於東協方面，除新加坡外，並無其他國家對反分裂法
表示意見。

肆、美國施壓歐盟緩解對中武禁

　　雖然北京通過《反分裂國家法》後未如1989年天安門事件遭歐
美國家聯合制裁，但原本可能獲得歐盟解除的軍售禁令，卻因此延
宕。美國總統布希利用2005年2月底訪問歐洲時向歐盟表達反對解
除對中武禁的立場。布希與北約秘書長舉行聯合記者會表示，美國
對於歐盟解除武禁、移轉武器給中國可能導致技術移轉深表關切，
因為此舉將改變中國與台灣間關係的平衡[51]。時任美國副國務卿的
佐立克更直言，歐盟解除對中武禁，真正的危險在於「中國剛通過
反分裂法，升高緊張」。他說，在軍事衝突中，如果有美軍死於歐盟
武器，將會造成美歐關係高度惡化，因此希望歐洲審慎考量[52]。

　　歐洲議會2005年4月14日以431票對85票，31票棄權的情
況下，通過決議，要求歐盟不要解除對北京的武器禁運，並批評中
共制定反分裂法以武力威脅台灣。2005年4月15日的歐盟外長會
議中，與會的歐洲國家外長意見分歧，使歐盟原訂2005年6月解除
對中武器禁運案確定推遲[53]。中共努力多年爭取解除武禁的願望落

---

[50]　〈反分裂法特別報導〉，《中國時報》，2005.3.15.A6版

[51]　"President and Secretary General de Hoop Scheffer Discuss NATO Meeting"，For
　　Immediate Release Office of the Press Secretary，2005.2.22，http://www.
　　whitehouse.gov/news/releases/2005/02/20050222-3.html

[52]　"Interview With Pzblico Newspaper of Portugal"，2005.4.2，http://www.state.gov
　　/s/d/former/zoellick/rem/44177.htm

[53]　〈歐盟推遲解除對中禁令〉，《中國時報》，2005.4.16.A2版

空，這項源自針對六四事件的武禁制裁也至今未能解除。分析家認為，歐盟部分成員積極主張解除對中共的武器禁運的同時，卻正好趕上中共通過反分裂法，使這項原本是美國與歐洲間的重大歧見，因為有了反分裂法，令美國更有理由對歐盟施壓，造成歐盟暫緩解除武禁[54]。

第二節　中共的詮釋與作為

為化解《反分裂國家法》引發的疑慮，中共在立法通過後除透過宣傳，強調反分裂法是「維護和平」的法律外，也利用一系列柔性作為，營造台海「和平穩定維護者」的形象。

壹、北京詮釋　反獨維現狀

無論是中共官方還是學界，對於制訂《反分裂國家法》都一致指出是為反對台獨並維持現狀而來。

一、政府與軍方：反分裂法只針對台獨

在審議法案期間，人大發言人姜恩柱強調，《反分裂國家法》絕非「對台動武令」、也不是「戰爭動員令」，而是一部能夠推進兩岸

---

[54] 劉屏，〈歐盟成反分裂法最大受害者〉，《中國時報》2005.3.27.A13 版

關係穩定與和平發展的法律[55]；法案通過後，國務總理溫家寶更表示，反分裂法是為遏制台獨勢力，只有遏制台獨勢力，台海才有和平的局勢，只要有一線希望，北京就會盡最大努力推進國家的和平統一，溫甚至感性的引用《史記》「一尺布，尚可縫；一斗粟，尚可舂」的古語，藉此和緩台灣與國際的疑慮[56]；國台辦副主任王在希在反分裂法通過後舉行的記者會表示，全國人大高票通過反分裂法，代表和平統一、反對台獨分裂國家是十三億大陸人民的立場與期盼；中共總書記胡錦濤更在親民黨主席宋楚瑜訪問大陸期間，向宋楚瑜強調反分裂法不是針對台灣人民，而是針對台獨勢力[57]。

　　參與人大會議審議「反分裂法」的中共解放軍上海警備區司令員王文惠少將表示，「這部反分裂的法律，是為反台獨而制定的，就像路上設的紅綠燈一樣，紅燈亮了你就要停下來。」；江西省軍區司令員郝敬民少將說，制定這個法就是為了反對國家分裂，阻止台灣不被分離出去，以法律手段來盡最大可能實現和平統一，阻止台獨分子在台獨道路上越走越遠；中共武警部隊副政委隋繩武中將說，《反分裂國家法》之所以不叫「統一法」，就是為了反台獨，名字針對性強。中共南京軍區政治部副主任顧惠生少將說，《反分裂國家法》是維護台海局勢、和平穩定之法[58]；中共軍事科學院政委溫宗仁更

---

[55] 陳東旭、汪莉絹，〈中共人大：反分裂法非動武法〉，《聯合報》，2005.3.5.A3

[56] 王銘義、王綽中，〈反分裂法通過　溫家寶：非戰爭法〉，《中國時報》，2005.3.15.A2

[57] 黎珍珍、張瑞昌，〈胡：反分裂法非針對台灣人〉，《中國時報》，2005.5.13.A4

[58] 〈解放軍：像路上設的紅綠燈〉，《中國時報》，2005.3.9.A3

指出，《反分裂國家法》除有助解決台灣問題，更深遠的意義在於突破國際間某些勢力對中國大陸海洋安全的封鎖[59]。

二、學界：北京對台海畫出遊戲規則

　　大陸全國台灣研究會副會長許世銓指出，反分裂法的一個重要目的，是維護大陸和台灣同屬一個中國的現狀不被台獨分裂勢力改變，1949 年後，兩岸處於暫時隔離狀態，但兩岸同屬一個中國的事實、台灣做為中國一部分的法律地位從未改變，這是和平解決兩岸最終統一問題的政治基礎，反分裂法的要義，是只有遏制和挫敗台獨分裂勢力的圖謀，才能確保兩岸和地區的和平與穩定，中共採取非和平方式制止分裂國家、捍衛國家主權和領土完整，是在和平統一的努力「完全無效」的情況下，不得已作出的最後選擇；上海東亞研究所所長章念馳則指出，反分裂法的頒布是中共力爭取得和平統一主動權的舉措，他認為反分裂法是台獨逼出來的，而「台灣當局」要為近年來兩岸關係存在的某種緊張氣氛負全部責任，中共制訂反分裂法，是對台獨分裂勢力主動出招，只有以立法的形式，主動提出「遊戲規則」，才能從根本上遏制、反對台獨[60]；北京聯合大學名譽教授李家泉指出，反分裂法最重要的關鍵就在「不要破壞現狀」，中國社會科學院台研所所長余克禮則指出，以「非和平方式」

---

[59] 〈共軍將領：兩岸不統一 走不出海洋〉，《聯合報》，2005.3.11.A13
[60] 〈汪莉絹，反分裂法的目的 維護台海現狀〉，《聯合報》，2005.3.19.A13

制止台獨，大陸將備而不用，但如台獨勢力硬要碰觸，兩岸會出現
何種局面，將「可想而知」[61]。

三、大陸民意 vs 台灣民意

　　《反分裂國家法》是由中共第 10 屆全國人大第 3 次會議通過，
依據中共憲法規定，是屬於「基本法律」，如果是由全國人大常委會
通過，則只能算是「一般法律」；在中國大陸，「法律」分為「基本
法律」和「一般法律」，區別這兩種「法律」的實益，在於全國人大
有權可以改變或者撤銷全國人大常委會不適當的決定，反之，全國
人大常委會則無權改變或者撤銷全國人大的任何決定，進一步來
說，「基本法律」的修改權原則上屬於全國人大，雖然人大常委會對
人大所通過的「基本法律」有權進行部分補充和修改，但是中共規
定，人大常委會所作的修改不得同該「基本法律」的基本原則相牴
觸，也就是說，中共透過全國人大制定《反分裂國家法》此一「基
本法律」，是僅次於《憲法》而與《刑法》等「基本法律」的效力、
位階一致，其重要性不言可喻[62]。

　　中共當局選擇此「基本法律」位階由全國人大通過而不是由全
國人大常委會來通過「一般法律」，而且還刻意在完全無異議情況下
通過後鼓掌有兩分鐘之久，等於說明此法是由代表全中國的民意機
關所通過，此法的立法宗旨在於反對分裂國家正是代表全體大陸 13

---

[61]　陳東旭，〈大陸學者：關鍵在不要破壞現狀〉，《聯合報》，2005.3.9.A3
[62]　許光泰，〈從法律層面評中國反分裂國家法〉，《展望與探索》，第 3 卷第 4 期，
　　　民國 94 年 4 月，pp.11~pp.12

億人的民意，北京此舉是用中國大陸的 13 億人當作「整體」而台灣 2300 萬人當作「部分」來看待，而「部分」是要服從「整體」的，當「部分」要分離，必須取得「整體」的同意[63]，中共「以民意制衡民意」的用意明顯。

四、立法搭配全方位文宣攻勢

2004 年 12 月中共宣布將制定《反分裂國家法》後即發動輿論戰，爭取各界對該法的支持。在國際宣傳方面，《反分裂國家法》具體條文未公布期間，中共即製作說帖向 80 餘國進行遊說，並派遣高層出訪美、日、歐盟等進行溝通。

《反分裂國家法》具體條文公布後，遭致國際輿論批評，並影響歐盟解除對中共武器禁運的時程，同時也加深國際對「中國威脅論」的疑慮。中共除對內發動各界全面學習「反分裂國家法」外，也派出多個宣達團前往美國、日本、歐盟等國家訪問，減低國際社會對《反分裂國家法》的疑慮，強調制定《反分裂國家法》不是準備以武力解決臺海問題，而是維持現狀的和平法[64]。

對內方面，北京通過《反分裂國家法》後，隨即發動官員、學者、媒體、及網民等進行文宣攻勢，強調兩岸交流及互動的「必須性」，在中國大陸內部展開各機關、民主黨派等的學習活動，以貫徹中共中央對臺政策的一致性[65]。

---

[63] 許光泰，〈從法律層面評中國反分裂國家法〉，p.12
[64] 〈中共「反分裂國家法」國際宣傳伎倆〉，《大陸工作簡報》，pp.12~pp.14，http://www.mac.gov.tw/big5/mlpolicy/mwreport/94/9404.pdf
[65] 〈大陸情勢〉，2005.4，p.88，《陸委會網站》，http://www.mac.gov.tw/

貳、北京新一輪對台工作

由於《反分裂國家法》引起國際關切，美國甚至直言要求中共必須拿出實際行動彌補對台海情勢的衝擊。北京在立法通過後，則採一系統對台工作，涵概政治、經貿等層面，台海情勢並未進一步緊張。

一、拉攏台灣在野黨派

中共於 2005 年 3 月 28 日，即反分裂法通過兩週後，由全國政協主席賈慶林國台辦主任陳雲林出面，與國民黨副主席江丙坤所率領的訪問團隊見面會談三天，由陳雲林與江丙坤舉行工作性會談，雙方達成包括兩岸包機便捷化、台灣農產銷往大陸、大陸同意跟台灣簽署台商權益保障協議等十點共識[66]，為對台柔性工作揭開序幕。

2005 年 4 月 26 日，中共邀請國民黨主席連戰率團訪問中國大陸，安排連戰謁中山陵、與胡錦濤會面、在北大演講、返回祖籍地掃墓等活動，比照 1997 年美國總統柯林頓訪問中國大陸的規格接待連戰[67]，由於這是國共兩黨自 1949 年以來，再次會面和解，並由兩黨領導人會談，引起中外高度關注。連戰與胡錦濤舉行「連胡會談」，並於會後發表《新聞公報》，共同發布「兩岸和平發展共同願景」指出，強調堅持九二共識、反對台獨，謀求台海和平穩定，促進兩岸關係發展，維護兩岸同胞利益，是「兩黨」的共同主張，兩黨也將

---

[66] 汪莉絹，〈國共黨對黨協商　達十點共識〉，《聯合報》，2005.3.31.A1 版
[67] 蕭旭岑，〈連戰定月底訪大陸會胡錦濤〉，《中國時報》2005.4.15.A4 版

共同促進五項工作：一、促進盡速恢復兩岸談判，共謀兩岸人民福祉；二、促進終止敵對狀態，達成和平協議；三、促進兩岸經濟全面交流，建立兩岸經濟合作機制；四、促進協商台灣民眾關心的參與國際活動的問題；五、建立黨對黨定期溝通平台[68]。

緊接著，在 2005 年 5 月 5 日，國內另一泛藍在野黨—親民黨主席宋楚瑜前往中國大陸訪問，北京給予宋楚瑜比照連戰規格的接待，宋楚瑜與胡錦濤舉行宋胡會後也發布新聞公報，內容包括「促進在九二共識基礎上，盡速恢復兩岸平等談判、堅決反對「台獨」，共謀台海和平與穩定」等，以及雙方推動兩岸農業、經貿投資等合作願景[69]。此外，胡錦濤在 2005 年 7 月 12 日同樣接見了由新黨主席郁慕明所的新黨紀念抗日戰爭勝利 60 週年大陸訪問團，胡錦濤再度表達了「堅持一個中國原則、堅決反對和遏制台獨」的談話[70]。

中共通過《反分裂國家法》後，有意藉邀訪台灣在野黨派「登陸」，營造兩岸和緩的態勢，化解國際間的疑慮；歐盟透過發言人，對連胡會表示「歡迎」及「關注」，並希望這是兩岸關係朝積極方向邁進的第一步[71]，2005 年 5 月 4 日美國副國務卿佐立克就表示，只要兩岸間能化解緊張，無論是北京與台灣在野領袖或總統陳水扁對話，美國都認為是積極有建設性的作為[72]，白宮發言人麥克雷蘭則

---

[68] 王銘義、羅如蘭、邱慧君，〈連胡發布和平願景〉，《中國時報》2005.4.30.A1 版

[69] 〈宋胡會談公報全文〉，《中國時報》2005.5.12.A3 版

[70] 〈胡錦濤會新黨訪問團 提出發展兩岸關係 4 點看法〉，《新華網》，2005.7.12，http://news.xinhuanet.com/taiwan/2005-07/12/content_3211527.htm

[71] 〈歷史性會晤 歐盟表歡迎〉，《中國時報》2005.4.30.A14 版

[72] "Remarks at a Press Roundtable in Thailand"，U.S. Ambassador's Residence Bangkok, Thailand，2005.5.4，http://www.state.gov/s/d/former/zoellick/rem/45704.htm

在轉述一次美國總統布希與胡錦濤通電話的談話時說「胡錦濤向（布希）總統簡要說明台灣在野黨領袖相繼訪問中國大陸的進展，總統則呼籲胡主席繼續設法與陳水扁總統接觸」[73]。國際的反映顯示中共邀台灣在野黨訪問，相當程度達到北京預期的目的。

二、北京嘗試接觸民進黨政府

1.區隔「台獨」與「民進黨員」

中共副總理錢其琛 2002 年 1 月 24 日中共紀念「江八點」發表七周年座談會時，首度公開表示，中共認為廣大民進黨成員與極少數頑固的台獨分子有區別；中共歡迎前者以適當身份到大陸參觀訪問，增進了解，北京涉台人士透露，中共官方能對民進黨做如此重大的政策改變，是內部經過無數次的討論、徵集意見，最後形成共識，交由中共中央對台工作領導小組，由組長江澤民拍板定案[74]，這是北京破天荒公開表態，點名願與主張台獨的民進黨接觸；雖然隨後，中共國台辦副主任王在希在同年 3 月補充說明，大陸歡迎台灣民進黨廣大成員以例如學者或是商人的適當身分來陸，沒有要求民進黨員訪大陸前，必須宣誓「一個中國」原則，北京不能允許民進黨成員以黨員身份到大陸，是因為民進黨仍然沒有放棄台獨黨綱，而中共歡迎民進黨廣大成員到大陸，並不表示大陸對台政策原

---

[73] "Press Briefing by Scott McClellan"，For Immediate Release，2005.5.5，
http://www.whitehouse.gov/news/releases/2005/05/20050505-4.html

[74] 王玉燕，〈江澤民拍板 錢其琛發言 「廣大民進黨員」與「台獨份子」不同〉，
《聯合報》2002.1.25.第 3 版

則有所改變,「一個中國」原則無論何時都不能動搖。歡迎民進黨一般成員到大陸,符合中共對台一貫政策,中共始終把做台灣人民的工作,做為對台工作的出發點[75],略為將政策緊縮,但仍不掩其政策轉變的重要性。

2.不排斥接觸「鐵桿台獨」

到 2006 年 3 月,中共全國政協主席、中央對台工作領導小組副組長賈慶林就中共涉台團體組織與台灣泛綠人士接觸事宜,進一步指示他們,包括「鐵桿」(頑固)台獨分子,有機會也可以接觸,「尤其要做泛綠民眾的工作」,台灣官方不承認「九二共識」,中共官方就不接觸,必須堅持這個原則,但像民間團體,「包括你們的學術交流,要廣泛做台灣民眾的工作,包括做泛綠的工作」[76],與前次情況相同,王在希事後也出面補充,指所謂與台灣的「鐵桿台獨」接觸,是指大陸民間團體與他們個別、私人接觸與交流,中共官方不出面,但也顯露北京對民進黨態度的進一步轉變。

此外,據前國防部副部長林中斌指出,中共在 2007 年 1 月 23 日至 24 日對台會議後,作法再為調整。會議中,中共涉台部門可能進行辯論而拍板,也可能認為台灣主體性不等同「法理台獨」,而繼續忽視民進黨則不利爭取台灣民心,到 2007 年 2 月初,大陸傳來的新看法是:「陳水扁最嚴重的危機(弊案引發的動盪)已過;2008年總統選舉民進黨仍有希望;國民黨一盤散沙;馬英九即使當選總

---

[75] 賀靜萍,〈王在希:歡迎廣大民進黨員訪問大陸〉,《聯合報》2002.3.10.第 13 版
[76] 汪莉絹、李春,〈賈慶林首度指示:可接觸鐵桿台獨份子〉,《聯合報》2006.3.6.A2 版

統對北京而言不見得比現在更好；對國民黨的工作仍重要，但階段
性任務已經完成；有必要擴大接觸民進黨，尤其是年輕的、將來有
政治前途的人」，2007 年 1 月底，兩岸對於包機和大陸旅客來台議
題的第 4 次談判時，中方居然把協議大陸居民赴台灣地區旅遊辦法
的施行細則草案拿出來，希望馬上簽署，積極的態度前所未有，隨
後，北京遣返台灣重大捲款潛逃罪犯李漢陽，並一口氣遣返另外 25
名通緝犯，規模之大打破以往紀錄，諸多訊息顯示北京已不徹底忌
諱民進黨政府[77]。

三、修改抗戰史觀縮小兩岸意識型態差距

　　除了邀請台灣在野泛藍領袖赴大陸訪問外，中共處理與國共有
關的近代史也出現一些過去所沒有的改變。根據大陸媒體報導，連
戰訪問大陸、國共五十六年來再次握手後，有正面描寫過去國民政
府抗擊日本侵略的書籍在大陸各主要書店上架，並利用 2005 年為中
國對日抗戰勝利 60 週年之際，推出戰爭電影，藉電影正面描述國軍
1939 年崑崙關戰役，肯定國民黨在抗日的貢獻[78]；王在希更公開表
示，台灣的抗日鬥爭比起大陸，「時間更長」，從 1895 年到 1945 年
的 50 年日本佔領台灣期間，台灣民眾發起較大規模反日武裝鬥爭有
二十多起[79]，巧妙藉抗日拉近台灣與大陸的情感距離。

---

[77] 林中斌，〈中共嘗試面對民進黨政府〉，《財訊》第 300 期，2007.3，p.166
[78] 〈正視國民黨抗日史　大陸書店「國殤」再上架〉，《中國時報》2005.6.20.A2
　　版；〈「鐵血」全國公映　再現國民黨正面戰場對日作戰〉，《新華網》，
　　2005.8.31，http://news.xinhuanet.com/mil/2005-08/31/content_3427534.htm
[79] 於慧堅、陳嘉宏，〈抗戰勝利 60 周年活動　正面評價國民黨　中共邀約　郝柏

　　胡錦濤更藉公開談話肯定國民黨抗日貢獻，指「中國國民黨和中國共產黨領導的抗日軍隊，分別擔負著正面戰場和敵後戰場的作戰任務，形成了共同抗擊日本侵略者的戰略態勢」、「以國民黨軍隊為主體的正面戰場，組織了一系列大仗，特別是全國抗戰初期的淞滬、忻口、徐州、武漢等戰役，給日軍以沉重打擊。中國共產黨領導的敵後戰場，廣泛發動群眾，開展遊擊戰爭」[80]，胡錦濤以國家領導人身分，突破以往中共宣傳窠臼，相對客觀地定位國民黨的抗日貢獻，在中國大陸過去絕無僅有，而北京 2005、2006 年還分別以高規格紀念台灣光復 60 週年、國父孫中山 140 歲誕辰[81]，都是藉機拉近與台灣（至少是泛藍族群）人民意識型態之舉。

　　此外，為因應民進黨執政、台灣出現「去中國化」聲浪，中共啟動「台灣文獻史料出版工程」，由大陸史學界和台灣研究學者全力搶救、研究涉台文獻史料，藉明清宮藏台灣原始秘檔，共同彙編一套可信、權威的台灣通史[82]，重新詮釋台灣四百年來的歷史變遷，另外再藉編纂《閩南方言大詞典》，證明閩台不僅同文同種，且同出一語系，抗擊所謂「文化台獨」[83]。

　　村 許歷農不參加〉，《中國時報》，2005.8.31.A13 版

[80] 〈胡錦濤：在紀念中國人民抗日戰爭暨世界反法西斯戰爭勝利 60 週年大會上的講話〉，《新華網》，2005.9.3，http://news.xinhuanet.com/newscenter/2005-09/03/content_3438800.htm

[81] 華英惠，〈中共紀念台光復 歷來最高規格〉，《聯合報》2005.10.25.A13 版；白德華，〈孫中山誕辰紀念 規格歷來最高 胡錦濤講話 許信良等人出席〉，《中國時報》，2006.11.13.A13 版

[82] 賴錦宏，〈抗衡「去中國化」 中共搶救台灣史料〉，《聯合報》2006.1.19.A13 版

[83] 白德華，〈拉近兩岸 北京編閩南方言大辭典〉，《中國時報》2007.2.9.A17 版

四、釋放大量惠台政策

除政治之外，兩岸民間往來業務是北京發動柔性攻勢的主要戰場，自北京 2004 年底宣布制訂反分裂法以來，共計推出 30 項「惠台」的政策利多，層面涵蓋農業、金融、教育、就業、觀光等多個面向。中共通過《反分裂國家法》以來的對台柔性作為，請參閱下列表 4-1。

表 4-1　中共對台柔性作為

對台柔性攻勢：	
1. 2005 年 5 月 3 日 （中國時報 2005.05.04 A1） 連戰訪陸 北京三禮 開放來台旅遊 擴大水果登陸 贈送一對熊貓	2. 2005 年 5 月 12 日 （蘋果日報 2005.05.13 A15） 宋楚瑜訪陸 備受禮遇
3. 2005 年 8 月 24 日 （聯合報 2005.08.24 A13） 北京：台生收費 將比照大陸學生	4. 2005 年 8 月 28 日 （聯合報 2005.08.28 A13） 北京：台生學費調降 另有獎學金
5. 2005 年 9 月 7 日 （中國時報 2005.09.07 A13） 北京：中共將放寬台商融資貸款	6. 2005 年 9 月 8 日 （中國時報 2005.09.08 A13） 北京：三百億人民幣 供台商貸款
7. 2005 年 9 月 28 日 （聯合報 2005.09.29 A13） 北京：台灣記者赴大陸 駐點時間延長	8. 2005 年 10 月 （自由時報 2005.10.17 A2） 北京：開放台灣人前往就業規定
9. 2005 年 11 月 30 日 （蘋果日報 2005.11.30 A5） 北京：提議開放台灣辦奧運 3 項目	10.2005 年 12 月 10 日 （中國時報 2005.12.10 A13） 北京：擬發給台胞身份證

11. 2005 年 12 月 19 日 　（聯合報 2005.12.09 A13） 　北京：300 億台商貸款 條件將放寬	12. 2006 年 2 月 9 日 　（聯合報 2006.02.09 A13） 　北京：「民間已對口」中共恢復漁工 　輸台
13. 2006 年 2 月 23 日 　（中國時報 2006.02.23 A13） 　北京：包機觀光 中共願與民進黨 　協商	14. 2006 年 2 月 23 日 　（聯合報 2006.02.23 A13） 　北京：大陸人來台旅遊 辦法即將 　出爐
15. 2006 年 3 月 6 日 　（中國時報 2006.03.06 A13） 　北京：閩定位對台特區 台胞可參政	16. 2006 年 3 月 6 日 　（中國時報 2006.03.06 A13） 　北京：賈慶林提點 應接觸鐵桿泛綠
17. 2006 年 3 月 11 日 　（聯合報 2006.03.11 A13） 　北京：六部會下令 照顧困苦定居 　台胞	18. 2006 年 4 月 2 日 　（中國時報 2006.04.2 A1） 　北京：擴大台灣農產品免稅登陸
19. 2006 年 4 月 16 日 　（蘋果日報 2006.04.16 A1） 　北京：國共論壇宣布對台 15 項優惠 　措施	20. 2006 年 4 月 22 日 　（中國時報 2006.04.22 A17） 　北京：大陸五一起 擴大台灣蔬果 　進口
21. 2006 年 4 月 26 日 　（聯合報 2006.04.26 A13） 　北京：大陸沿海新設台灣農民創業園	22. 2006 年 4 月 　（聯合報 2006.05.18.A13） 　北京：開放台灣人士報考大陸報官員
23. 2006 年 5 月 9 日 　（聯合報 2006.05.09 A13） 　北京：融資台商 大陸再出 1200 億	24. 2006 年 5 月 9 日 　（聯合報 2006.05.09 A13） 　北京：台灣水產入閩 通關更快
25. 2006 年 6 月 1 日 　（聯合報 2006.06.01 A13） 　北京：國共第二屆台商權益保障論壇	26. 2006 年 6 月 1 日 　（聯合報 2006.06.01 A13） 　北京：中共擴大小三通 開放泉州
27. 2006 年 6 月 1 日 　（聯合報 2006.06.01 A13） 　北京：大陸開放「綠色通道」優惠 　台灣農產	28. 2006 年 6 月 10 日 　（聯合報 2006.06.10 A13） 　香港：赴港 有台胞證不必辦港簽

29.2006 年 7 月 8 日	30.2006 年 7 月 20 日
（中國時報　2006.07.08 A15）	（中國時報　2006.07.20 A13）
北京：中共再撥款 供台商專項貸款	北京：台企合資建大型銀行 解決台商融資困難
31.2006 年 7 月 27 日	32.2006 年 7 月 27 日
（聯合報　2006.07.27 A13）	（聯合報　2006.07.27 A13）
北京：五年有效台胞證 闡擴大 9 市受理	北京：保障台商 最高兩院擬設對台小組
33.2006 年 10 月 18 日	34.2006 年 11 月 9 日
（蘋果日報　2006.10.18 A20）	（聯合報　2006.11.09 A14）
北京：中國釋 800 億農貸	北京：台生獎學金 最高兩萬四
35.2006 年 12 月 8 日	36.2007 年 3 月 13 日
（中國時報　2006.12.08 A13）	（聯合報　2007.03.14 A1）
北京：大陸建築師考試 明年對台開放	北京：開放學生來台讀大學
37.2007 年 4 月 5 日	38.2007 年 4 月 29 日
（聯合報　2007.04.06 A15）	（中國時報　2007.04.30 A3）
北京：大陸醫師資格考 台灣人可參加	北京：國共論壇再對台開放 15 類專業考試

資料來源：林中斌（2007.5.7），反分裂法通過後北京積極推出對台柔性攻勢。

　　學者林中斌認為，無論從反分裂法通過後北京對台的作為、法條的文字及其內容來看，它的重點在用經濟、文化、社會等力量達到統一的目的。北京日漸強大的軍力，將作為他非武力工具－外交、經濟、文化的後盾，而不是前鋒。正如已故美國總統老羅斯福所說的「拿根大棒子在背後，講話得以輕聲細語」，武力攻台是北京的最下策。

第三節　反分裂法通過後的兩岸情勢

　　《反分裂國家法》積極面以柔性惠台政策「依法展開對台交流」，被動面以「非和平方式」做為遏制台獨的紅線。本節將探討中共通過反分裂法後，是否不再輕易隨台起舞而大規模文攻武嚇，也同時檢視中共「經美制台」策略。

壹、台灣頻拋衝擊性議題

　　在中共通過反分裂法後，台灣除拋出「終統」議題外，另發生陳水扁總統發表「四要」談話、政府推動機關單位「正名」、親綠學界提出「第二共和憲草」呼應陳水扁制憲主張等衝擊性議題。

一、機構正名與「四要」

　　2007 年 2 月間，台灣再度掀起機關單位「正名」風潮，台灣政府將「中華郵政」改為「台灣郵政」，將中國石油公司將改名為「台灣中油公司」，中船改名為「台灣國際造船公司」，隨後，陳水扁於 2007 年 3 月 4 日利用出席獨派色彩濃厚的「台灣人公共事務會」25 週年慶祝晚宴之際，提出「四要一沒有」，分別是：

　　第一、「台灣要獨立」，台灣是一個主權獨立於中華人民共和國之外的國家，追求台灣獨立是台灣人民共同的理想，也是長久以來的目標，追求台灣獨立不是危險的退步，而是最崇高的志業。

　　第二、「台灣要正名」，台灣是母親的名字，是我們最美麗、最有力的名字，也是參加聯合國等國際組織最好的名字。

　　第三、「台灣要新憲」，台灣要成為一個正常完整的國家，需要一部合時、合身、合用的台灣新憲法，不用怕立法院四分之三的門檻過高，不用怕二分之一的公民投票不會通過。噴口水怪來怪去是沒有用的，沒有辦法解決事情，只要大家能同心協力、目標一致，有一天我們一定會成功。

　　第四、「台灣要發展」，台灣的存在是全民、台商與亞太民主社群的共同利益，只有實施民主才有發展、只有經濟繁榮才有發展、只有照顧弱勢才有發展、只有台海和平才有發展。

　　第五、「台灣沒有左右的問題，只有統獨問題」，台灣作為一個新興民主國家，不同的地方就是台灣只有國家認同分歧的問題、只有統獨的問題、只有要前進或後退的問題，絕對沒有左右路線的問題[84]。

二、第二共和憲草

　　總統陳水扁在第二任期內多次提及修憲與制憲問題，引起美中關注。2006 年下旬，他利用接受外國媒體專訪的機會公開表示，「第二共和就是要凍結現行憲法，制定台灣憲法」[85]。2007 年 3 月，一份由台灣親綠學界提出的「中華民國第二共和憲法草案」出爐，草

---

[84]　〈總統出席「台灣人公共事務會」（FAPA）25 週年慶祝晚宴〉，《總統府新聞稿》，2007.3.4，www.president.gov.tw

[85]　〈總統接受英國「金融時報」專訪〉，《總統府新聞稿》，2006.11.3，http://www.president.gov.tw/

案內容稱「以第二共和憲法作為台灣與中華民國的憲法連結，並在新憲前言中為協商兩岸終局政治安排提供憲法授權」，草案重點在於前言，內容為：

一、中華民國創立於 1911 年；但是，1921 年 7 月蒙古人民共和國獨立，1949 年 10 月中華人民共和國成立，其後並為國際社會所普遍承認。中央政府因此播遷來台，國家管轄領域僅及於台澎金馬與其附屬島嶼，以及符合國際法規定之領空、領海與鄰接水域。

二、中華民國與中華人民共和國建立任何形式政治關係，須經對等、和平協商後，交付公民投票。

三、台灣海峽兩岸終局政治安排未協商完成前，特制定中華民國第二共和憲法（簡稱台灣憲法），適用於國家現行管轄領域範圍，原憲法相關章節條文及增修條文，停止適用[86]。

貳、中共未起舞　美國代為出面牽制

北京由過去經驗，了解民進黨政府不在乎軍事工具的恫嚇，反而視為選舉過程中最佳助選員，因此在「終統」、「正名」、「四要」等事件時，不再大動作「文攻武嚇」，多僅發表談話「嚴詞警告」。反而隨台灣頻拋衝擊議題，美國站上第一線滅火的時間更多。

---

[86] 「審議式民主：中華民國第二共和憲法草案」研討會，台灣智庫，2007.3.18，
http://www.taiwanthinktank.org/ttt/attachment/article_732_attach2.pdf

一、美國滅火 一律定位是台灣片面挑釁

　　「廢統論」拋出後，美國國務院發言人艾瑞里點名台灣需要「克
制」（refrain），避免採取可能被視為片面改變現狀的行動，也需透
過對話，討論與中共有關的議題，這是美國和台灣方面打交道時，
一貫傳達的訊息[87]。美國的反應顯示美國將「廢統」視為片面改變
現狀的行動；艾瑞里並表示，就美方理解，國統會並未被廢除（On
the question of the National Unification Council,it's our understanding
that President Chen did not abolish），只是被凍結（frozen）、陳總統說
他會信守不改變現狀的承諾，也就是他的就職演說承諾、國統會仍
然存在（exists），我們也將敦促他信守這些承諾[88]。最後，美國國務
院索性藉由發布公開聲明，明白指出「台灣高級官員說國統會的廢
除與終止運作，其間並無差別，又說台灣本周稍早的動作，其效果
是廢除此一委員會。我們被告知，此一報導是錯誤引述台灣官員的
談話。我們期待台灣當局公開更正此一紀錄，並且毫不含糊的確認
二月廿七日之宣布：沒有廢除國家統一委員會；沒有改變現狀；各
項承諾仍然有效」[89]，近乎白紙黑字要台灣吞回「廢統」。

　　隨後，國務院副國務卿佐立克在眾議院聽證會作證時表示，美
國從台灣方面得到的理解，台灣方面並未覺得他們廢除（abolish）
了國統會，只是使用了另外的辭彙。對於台海議題，佐立克則重申，

---

[87]　"Daily Press Briefing"，2006.2.21，http://www.state.gov/r/pa/prs/dpb/2006/61817.htm
[88]　"Daily Press Briefing"，2006.2.27，http://www.state.gov/r/pa/prs/dpb/2006/62221.htm
[89]　"Taiwan-Senior Taiwan Officials' Comments on National Unification Council"，
　　2006.3.2，http://www.state.gov/r/pa/prs/ps/2006/62488.htm

美國在處理兩岸事務時要非常小心求平衡，一方面美國希望支持台灣，另一方面不致於鼓勵那些試圖讓台灣走向獨立的人，「因此讓我明確地說，獨立意謂戰爭（Because let me be very clear:Independence means war）」，「也就意謂美國士兵將犧牲性命（lives can be lost）」；台灣如果不斷挑戰美國早已定調的「一個中國」政策，「我認為台灣就是一直在撞牆」（But if it keeps trying to revisit the question that the United States made in the late 1970s about a One-China Policy, I think it is going to keep hitting into a wall.）。而當有議員質問，台灣的「四不一沒有」以「中國不對台灣動武」為「前提」，而這項前提是否已因中共通過反分裂法而不存在，佐立克反駁強調「中國（迄今）沒有對台動武」[90]。佐立克在談話中首度將「台獨」與「戰爭」劃上等號，無疑採取與北京一致的立場，顯示「終統」風波後，美國認為有必要更進一步升高對台灣的警告。

　　對於機構「正名」，美國國務院表示，台灣推動國營企業改名，「具試圖片面改變現狀意涵，美國不支持」[91]，對於「四要」，亦僅以「片面改變現狀將威脅區域和平與安定、美國的國家利益、以及台灣自身福祉，任何讓人質疑陳總統承諾的言論，都是沒有助益的（unhelpful）」做為回應，美國並一再要陳水扁信守「四不一沒有」的政治承諾[92]。

---

[90] "HEARING BEFORE THE COMMITTEE ON INTERNATIONAL RELATIONS, HOUSE OF REPRESENTATIVES", Committee on International Relations, 2006. 5.10, http://www.foreignaffairs.house.gov/archives/109/27477.pdf

[91] "Taiwan: Naming of State-Owned Enterprises and Offices"，Question Taken at the February 9 Daily Press Briefing，2007.2.9，http://www.state.gov/r/pa/prs/ps/2007/february/80364.htm

[92] "Daily Press Briefing"，2007.3.5，http://www.state.gov/r/pa/prs/dpb/2007/mar/

　　至於「第二共和憲草」，美中官員並未在公開部分多所著墨。美
國方面，主管東亞事務的副助理國務卿柯慶生 2007 年 3 月 27 日在
眾議院一項聽證會上重申，台灣近期包括「四要」在內的一系列言
行，與陳水扁先前的承諾不一致，美國認真看待陳水扁在兩次就職
演說中有關不會使現狀和台灣地位片面遭到改變的承諾。美國的立
場是無論兩岸採取解決的方案是什麼，一定要以和平方式達成。

　　而中共方面僅由國台辦發言人楊毅透過例行記者會發表評論，
以及大陸多位涉台學者透過新華社展開抨擊，認為第二共和憲法草
案是「迎合陳水扁謀求台灣法理獨立的圖謀」、「憲法草案已不是修
憲，而是形同制憲、絕不只是幾個學者的個人意見，絕不可掉以輕
心」，中共高層與軍方並未就此事具體回應[93]。

　　但檯面下，中共則嚴重關切台灣拋出「第二共和憲草」一事。
根據國內媒體批露，中共國務院台灣事務辦公室主任陳雲林於 4 月
密訪華府和美國行政部門會談時，全力著重於「第二共和憲草」，他
告訴美方，依《反分裂國家法》第八條，「如果發生將會導致台灣從
中國分裂出去的重大事變」，北京當局可以採取非和平方式及其他必
要措施，「第二共和」若付諸實行，中共將認定構成「重大事變」，
希望美國發揮影響力，以台海和平為重，避免台灣朝這個方向走。此
外，中共還循不同途徑向主要國家表達這個立場，因而導致美日 2007
年的「二加二」安保諮商會談，不再把台海列入「共同戰略目標」[94]。

81396.htm
[93]　〈第二共和憲法草案衝擊台海〉，《大陸情勢雙週報》，第 1504 期
[94]　劉屏，〈中共告訴美國：不惜動用反分裂法　第二共和致美日安保略去台海〉，
　　　《中國時報》，2007.5.5.A6 版

二、中共未隨台起舞 台海情勢比 05 年更和緩

　　面對台灣拋出衝擊性議題，中共方面的反應有別於 1995 李登輝訪美及 1996 台灣總統大選時的大動作文攻武嚇，僅只於「文批」。包括國家主席胡錦濤、總理溫家寶，都只是藉由接見外賓的機會，重申一中原則及北京反對台獨的決心[95]，中央軍委副主席郭伯雄也僅表示，「終止國統會與國統綱領，這是在走向「台灣法理獨立」的道路上邁出的嚴重一步、全軍部隊要進一步增強憂患意識，深入紮實地開展軍事訓練、一旦祖國需要，我軍將按照法律賦予的職責，堅決捍衛國家安全統一和領土主權完整」[96]。不過中共仍 2006 年全國人大會議通過的「十一五規劃綱要」中，載入「台灣是中華人民共和國不可分割的神聖領土」[97]，雖略為收緊兩岸現狀表述空間，但綱要內容仍強調要加強兩岸在經貿等各項交流。

　　對於 2007 年的「四要」與「正名」議題，北京高層更未隨之起舞，總理溫家寶與政協主席賈慶林除發言堅決反對台獨外，仍強調「牢牢把握兩岸關係和平發展主題」，溫家寶還表明繼續貫徹和執行

---

[95] 〈胡錦濤會見瑞士國防部長重申反對台獨決心〉，《中華人民共和國中央人民政府網站》，2006.2.28http://big5.gov.cn/gate/big5/www.gov.cn/ldhd/2006-02/28/content_213879.htm；〈溫家寶與德國總理通電話高度評價中德間密切合作〉，《中華人民共和國中央人民政府網站》，2006.3.2，http://big5.gov.cn/gate/big5/www.gov.cn/ldhd/2006-03/02/content_216483.htm

[96] 〈郭伯雄：堅決捍衛國家安全統一和領土主權完整〉，《新華網》，2006.3.5，http://news.xinhuanet.com/misc/2006-03/05/content_4261714.htm

[97] 〈受權發佈：中華人民共和國國民經濟和社會發展第十一個五年規劃綱要（全文）〉，《新華網》，2006.3.16，http://news.xinhuanet.com/misc/2006-03/16/content_4309517_23.htm

有利於兩岸關係和平發展的各項政策措施[98]。共軍在兩會期間也未見太多恫嚇之言，軍委副主席郭伯雄指出，維護國家主權和領土完整，是解放軍肩負的神聖使命，全軍部隊要進一步增強使命感、責任感和緊迫感，全力以赴地抓緊抓好軍事鬥爭準備，決不容忍台獨，決不允許任何人以任何方式把台灣從祖國分裂出去。國防部長曹剛川指出，全軍官兵要增強憂患意識和使命意識，把軍事鬥爭準備抓得緊而又緊、實而又實。總參謀長梁光烈說，軍隊要始終把維護國家主權和安全放在第一位，抓緊做好軍事鬥爭準備，努力提高部隊信息化條件下作戰能力[99]。台灣 2007 年在中共全國人大、政協「兩會」開幕前後，提出機關單位「正名」及拋出等於「台獨宣言」的「四要一沒有」，並未對美中台三邊掀起太多漣漪，即便中共外長李肇星曾針對「四要」，說出「反分裂法不是放著沒用」一語[100]，但顯然北京並未將「終統」、「正名」、「四要」視為觸及反分裂法的紅線而啟動「非和平手段」。

至於反分裂法通過後的台海情勢，太平洋美軍司令法隆（William Fallon）在 2006 年參議院聽證會作證時表示，台灣的終統行動，中國大陸的反應頗為平靜，並沒有採取軍事行動，相較於一

---

[98] 〈兩會中的對台策略動向〉，《大陸情勢雙週報》，第 1503 期，p.13，http://www.kmt.org.tw

[99] 〈曹剛川代表在分組會上發言〉，《中國軍網》，2007.3.7，http://www.chinamil.com.cn/site1/2007ztpd/2007-03/07/content_755546.htm；〈郭伯雄代表在分組會上發言〉，《中國軍網》，2007.3.7，http://www.chinamil.com.cn/site1/2007ztpd/2007-03/07/content_755547.htm；〈梁光烈代表分組會上發言〉，《中國軍網》，2007.3.7，http://www.chinamil.com.cn/site1/2007ztpd/2007-03/08/content_756842.htm

[100] 〈李肇星：反分裂法不是放著沒用的〉，《中國時報》，2007.3.6.A4 版

年前（2005 年），台海的緊張氣氛已明顯降低[101]；台灣國防部長李傑也證實，兩岸雙方只是言語上的交鋒，軍事上還沒有到緊張狀態[102]。而 2007 年 3 月，法倫在眾議院預算審查答詢時也再次指出，比起兩年前自己剛上任時的狀況，當前台海情勢已經改善[103]。

　　相較於 1995 年江澤民固權時面臨軍方與喬石等壓力危機、美國兩黨角力使當時美國總統柯林頓批准李登輝訪美、李登輝康乃爾演說給予解放軍機會破壞江澤民主導兩岸協商計劃，三重壓力引爆 1995~1996 的台海危機[104]，2006 年的終統與 2007 年四要、正名風波，雖一度引起美中台三邊緊張，但卻未再出現類似十一年前的軍事危機。一般認為，接班遠較江澤民穩固的胡錦濤，在主導制定《反分裂國家法》後，意圖運用「經美制台」策略防堵台獨路線，北京利用「三道反獨防線」維繫台海現狀：一為台灣人民與泛藍政黨；二為美國政府；三為北京當局，只有在前兩道反獨防線潰決後，北京才會採取「非和平方式」的反獨措施[105]，顯示反分裂法使北京對台政策更具信心，更不會躁進。

　　關於 1995~1996 台海危機與 2006、07 的終統、四要與正名等事件共軍反應比較，可參閱下列表 4-2 的說明：

---

[101] 林寶慶，〈華納批終統　影響美軍弛援〉，《聯合報》，2006.3.8.A1 版

[102] 陳志平、劉永祥、李順德，〈李傑：兩岸軍事沒到緊張狀態〉，《聯合報》，2006.2.23.A2 版

[103] 劉屏，〈美參議員反對美中軍演　與軍方意見相左〉，《中國時報》，2007.3.10.A12 版

[104] 林中斌，《以智取勝》p.518

[105] 王銘義，〈反獨第二步　北京等著美行動〉，《中國時報》2006.2.23.A13 版

表 4-2 共軍在 95-96 與 06-07 兩次台海衝擊議題的反應對照

95~96 台海危機	06 終統、07 四要與正名
1995.7.21~7.28 中共於江西鉛山導彈基地試射東風十五導彈 6 枚,目標區域是在富貴角北方約 70 浬的目標區,6 枚均命中目標。(中國時報,2006.3.8.A10 版)	1. 太平洋美軍司令法隆 2006 年 3 月 7 日在國會聽證會作證時表示,台灣的終統行動,中國大陸的反應頗為平靜,並沒有採取軍事行動,美方會持續密切觀察兩岸情勢。(聯合報,2006.3.8.A1 版)
1995.8 在東引北方約 28 海浬處的海上攻防演練,共出動艦艇 59 艘,飛機 192 架次。(中國時報,2006.3.8.A10 版)	2. 法隆 2007 年 3 月在眾議院預算審查答詢時指出,比起兩年前自己剛上任時的狀況,當前台海情勢已經改善。(中國時報,2007.3.10.A12 版)
1996.3.8~3.15 中共發射 4 枚東風 15 導彈,其中在 8 日零點至 1 點,由永安分別試射 2 枚東風十五飛彈,落在高雄外海西南 30 浬目標區;而同步時間前後不到 10 分鐘,又從南平發射 1 枚東風十五飛彈,落在基隆外海正東 20 浬目標區。(中國時報,2006.3.8.A10 版)	

資料來源:本研究整理(中國時報、聯合報)

小結

　　中共通過《反分裂國家法》後,雖然引起國際負面評價,但除歐盟延緩解除對中武禁外,並未招致國際強烈反彈或制裁,而台灣內部雖對反分裂法表示反感,但藍綠陣營乃至民眾,仍出現截然不同的反映,顯示反分裂法在一定程度上加深台灣藍綠對立,意外造成分化台灣的效果。

　　其次,中共立法後伴隨一連串對台柔性作為,有效降低國際間對台海緊張的疑慮,對於諸如「終統」、「正名」、「四要」等爭議,

中共也表現出遠較過去的克制的情形。美國總統布希在 2005 年 11
月 19 日出訪中國大陸前接受媒體專訪時,更表示他對台灣問題能夠
和平解決感到樂觀(optimistic)[106]。除反映中共在反分裂法通過後
展開的對台措施奏效,也顯示中共不再輕易隨台灣拋出衝擊性議題
起舞。

　　前美國在台協會台北辦事處處長包道格(Douglas H. Paal)卸任
後公開批評台灣相關單位「不懂中國大陸」。他強調中共已調整其對
台政策傾向,從原先的堅持統一,轉而為現在的反對分裂、台灣獨
立,反分裂法固然剛開始引起各方強烈反應,但這也為中共新一代
的領導人創造相當大的迴旋空間,以舒緩緊張。至於當前美中台關
係,他說,美國與中共在台海地區有關和平與穩定利益的漸行一致,
雖然雙方對台政策的字眼表述不同,但具有共同的意思則是很清楚
的(the common meaning is clear)[107]。

　　從本章的探討可以發現,反分裂法通過後,台灣在政治上相繼
拋出衝擊美中台關係的議題,反應激烈的不但不是中共,反而不斷
引來美國直接關切,批評是台灣在進行一些片面破壞台海的言行。
儘管有人認為反分裂法出現後,台灣反而「越來越獨」,但事態發展
卻顯示,北京加強「經美制台」來「防獨」,以免對台出重手,美國
更主動的代北京牽制台北以防中共動武,台灣動輒被美國認定在從

---

[106] "Interview of the President by Phoenix Television",For Immediate Release
Office of the Press Secretary,2005.11.8,http://www.whitehouse.gov/news/
releases/2005/11/20051108-7.html

[107] Douglas H.Paal, "Some Reflections on My Time in Taiwan", The Brookings
Institution, Center For Northeast Asian Policy Studies Annua CNAPS Sping
dinner, 2006.7.13, http://www.brook.edu/fp/cnaps/events/20060713.htm

事片面改變現狀之舉，「越獨越堵死自己」。過去北京對台所謂的「挑釁」，會文攻武嚇，但現在是北京比較安靜，華府反而立刻表態警告台北。無形中印證了中共利用《反分裂國家法》營造聯美遏獨的統一戰線，而一連串出台的惠台政策，則是直接透過交流、替未來統一工作打下基礎的證明。

第五章
反分裂國家法的戰略意涵

　　筆者認為，中共制訂《反分裂國家法》具有：「防獨保國發」、「交流促質變」、「聯美穩台海」三大戰略意涵。本章將根據相關文獻，檢視反分裂法與三大戰略意涵的因果關聯。

第一節　反分裂法與北京國家發展的關係

在第一章中，筆者認為《反分裂國家法》其中一項戰略意涵是「防獨保國發」，即確保北京國家發展腳步不被台獨打亂，因此本節將藉由分析中共的國家大戰略、國家利益、國家安全及發展等角度，說明反分裂法與中共國家大戰略的關係。

壹、從和平崛起到和諧世界：北京新大戰略

中共近年來先後提出「和平崛起」、「和平發展」、「和諧世界」等，都在描述其自身在 21 世紀的國家發展戰略。因此本節將先探究為何「和平崛起」是北京新的大戰略。

一、和平崛起論始末

中共的「和平崛起論」首次被公開，是在 2003 年 11 月的博鰲論壇上，由當時的中共中央黨校副校長鄭必堅發表演說所提出。鄭必堅認為，要解決中國發展的難題，只能循「一條和平崛起的新道路」，才能讓中國邁入小康社會[1]。中國不會重蹈 20 世紀初德、日對

---

[1]　鄭必堅，〈中國和平崛起新道路和亞洲的未來〉，《中國網》，2003.11.24，http://big5.china.com.cn/chinese/OP-c/448115.htm

外以武力擴張崛起模式，而會「奮力崛起，而且是和平的崛起，爭取和平的國際環境發展自己，又以自身的發展來維護世界和平」[2]。

此後，包括國家主席胡錦濤、總理溫家寶等官方高層，都相繼以「和平崛起」為主題發表公開的外交政策演說，說明北京將採取的新政策路線。有關中共高層對和平崛起的談話，請參閱下面表 5-1。

表 5-1　中共高層關於「和平崛起」的談話

人物與時間	談話主題	地點	意義
中央黨校副校長鄭必堅（2003.11.3）	發表「中國和平崛起新道路和亞洲的未來」演說	博鰲論壇	首次提出「和平崛起」論
總理溫家寶（2003.12.10）	發表「把目光投向中國」演說	美國哈維大學	中共官方首次使用「和平崛起」
國家主席胡錦濤（2004.2.23）	主持中共中央政治局第十次集體學習講話	北京，中共中央政治局第十次集體學習	領導人首次公開在中央高級幹部集體場合談及「和平崛起」
國防部長曹剛川（2004.3.31）	演講時提及中國決心以和平手段完成崛起	泰國，訪問泰國國防研究院	中共軍方首度使用並呼應「和平崛起」
副外長王毅（2004.4.9）	在中宣部與教育部合辦會議中專題報告	北京，首都高校形勢報告會	中共外交官員呼應「和平崛起」

資料來源：本研究整理

中共認為，「和平崛起」的意義包含：

（一）運用世界和平環境來推動大陸發展，同時透過大陸的發展維護世界和平。

（二）和平崛起須依自己的力量獨立奮鬥。

---

[2] 鄭必堅，〈中國和平崛起新道路和亞洲的未來〉

（三）和平崛起須經過好幾代人的努力。

（四）和平崛起不會妨礙任何人，也不會威脅任何人，也不會
犧牲任何人。

（五）中國決心以和平的手段完成崛起，不走西方大國國力上
升後向外擴張的老路、中國的和平崛起離不開世界、中
國崛起的最終目標是和平，中國的發展有利於地區的穩
定與繁榮。

（六）實現和平崛起，在外交上必須做建構中國特色的外交政
策理論；穩定與美、俄、歐盟等大國關係；深化睦鄰，
發展與日、印等國共同利益，構築地緣依托3。

後來到 2004 年初，當時的中共中央軍委主席江澤民以及部分政
治局常委在一項內部會議中認為，「和平崛起論」將會限制大陸整體
的發展策略，甚至對處理台灣問題將產生不必要困擾，中共中央決
定不再由官方使用「和平崛起」的名稱4。國外學者分析，如果台灣
宣布獨立或美國以軍事手段介入台海問題，中共勢無法再按和平崛
起的思維處理台灣問題，為解決「和平崛起論」的矛盾，因而才捨
棄「崛起」改為使用「發展」5。

3　〈溫家寶總理會見中外記者〉，《新華網》，2004.3.14，http://www.xinhuanet.com
/zhibo/20040314c/zhibo.htm；〈曹剛川在泰國演講：中國決心以和平手段完成
崛起〉，《中國網》，2004.3.31，http://big5.china.com.cn/zhuanti2005/txt/2004-04
/06/content_5531266.htm；〈中國的國際地位和外交政策〉，《新華網》，
2004.4.9，http://news.xinhuanet.com/newscenter/2004-04/09/content_1411273.htm

4　〈中共發表和平發展白皮書之研析〉，《大陸情勢雙週報》，第 1476 期，
2006.1.5；http://www.kmt.org.tw

5　Robert L.Suettinger, "The rise and descent of peaceful rise", China Leadership

　　中共中央黨校智囊人士透露，「和平崛起」提出後，引發國內外、黨內外的強烈反響，質疑者認為中國現今還沒有「崛起」，而且提「崛起會刺激其他大國和周邊國家」，制約中國制止「台獨」。尤其中共國力提升其內涵與國際上、歷史上一些大國的崛起有著本質不同，從「和平崛起」到「和平發展」的微調，其內涵是對世界歷史上大國武力崛起舊道路的摒棄，也不會挑戰現存國際政治秩序，代表中共中央最高決策層對國家戰略發展務實。其實「和平崛起」與「和平發展」兩個說法沒有本質區別，只是根據中國目前所處的國內外環境，提出「和平發展」較為科學[6]。

二、從和平發展到和諧世界：與和平崛起一脈相承

　　到了 2004 年 8 月 22 日，胡錦濤在鄧小平誕辰百年紀念大會上發表講話，他說中國要高舉和平、發展、合作的旗幟，「堅持走和平發展的道路」[7]，首度在公開場合使用「和平發展」代替「和平崛起」。接著北京在 2005 年 12 月 22 日發布《中國的和平發展道路白皮書》，內容闡明：一、和平發展是中國現代化建設的必由之路；二、以自身的發展促進世界的和平與發展；三、依靠自身力量和改革創新實現發展；四、實現與各國的互利共贏和共同發展；五、建設持久和

Monitor, No.12 (Fall 2004), pp.4~6

[6] 〈中央智囊：和平發展棄武力崛起〉，《價值中國》，2006.8.27，http://www.chinavalue.net/showarticle.aspx?id=42017&categoryID=5

[7] 〈授權發佈：胡錦濤在鄧小平誕辰百年紀念大會上的講話〉，《新華網》，2004.8.22，http://news.xinhuanet.com/newscenter/2004-08/22/content_1856283.htm

平與共同繁榮的和諧世界[8]。北京正式以白皮書的形式定調了這項大戰略，認為和平發展的目的最終是讓世界和諧。

　　隨後在 2005 年 9 月，胡錦濤於聯合國成立 60 周年元首會議上發表演說，強調「應尊重各國自主選擇社會制度和發展道路的權利，加強不同文明的對話和交流，在求同存異中共同發展，並以平等開放精神，維護文明的多樣性，促進國際關係民主化，協力構建各種文明相容並蓄的和諧世界」[9]，至此，中共又在「和平發展」的基礎上再提出構建「和諧世界」的新理念。

　　大陸學者認為，「和諧世界」比起「和平崛起」、「和平發展」，更具有普世性，包括秩序和諧、力量和諧、價值和諧三重內涵，超越了西方傳統強調的「均勢」觀念，兼顧所有國家的利益、倡導國家間的對話合作。中國的和平崛起既是創造和諧世界的重要前提，又是和諧世界的有力保障[10]。國內學者則認為，北京希望世界看到一個充滿理性民族主義的力量，而願意與國際社會主流價值接軌，並在經濟發展上選擇一條有別「美國式」經濟發展的道路--以當代科學技術基礎，實現中國傳統的和諧發展，走出一條循環式的和諧新經濟的中國、一個和平崛起沒有威脅的新中國[11]。

---

[8] 〈國務院新聞辦發表《中國的和平發展道路》白皮書〉，《新華網》，2005.12.22，http://news.xinhuanet.com/politics/2005-12/22/content_3954937.htm

[9] 〈胡錦濤在聯合國成立 60 周年首腦會議上的講話〉，《新華網》，2005.9.16，http://news.xinhuanet.com/world/2005-09/16/content_3496858.htm

[10] 王義桅，〈從和平崛起到和諧世界〉，《新華網》，2006.2.23，http://news.xinhuanet.com/comments/2006-02/23/content_4215250.htm

[11] 楊開煌，〈胡錦濤的改革：和平崛起〉，《中國時報》，2005.9.17.A4 版

根據前述一系列的資料顯示，雖然中共官方不再使用「和平崛起」，但從中共學者的論述中，不難發現從「和平崛起」到「和諧世界」，完全是一脈相承。前國防部副部長林中斌則指出，「和平崛起」具有以下特點：

（一）政治上，與美國關係以合作為主、改變阻撓者角色、積極參與多邊外交、主導亞洲事務、擱置與鄰國主權爭議。

（二）經濟上，將經貿發展整合戰略規劃，藉參與區域合作組織發揮影響力、確保油源供應無虞、以外匯存底加速國家建設。

（三）軍事上，邀外國觀摩軍演，增加軍事透明化、未來建軍重「遠戰速勝」、「首戰決勝」。

（四）對台策略上，加大兩岸經貿往來、強化經外制台、爭取台灣民心、強化反獨文攻並分化台灣內部分歧[12]。

林中斌認為，「和平崛起」具有完整的理論架構與政策傳承，整合了外交、軍事、經貿、內政等領域，並納入「中華文化」的軟權力，並非突發奇想的政策，他研判這項政策雖不見得如中共所稱「二十年到四十年有效」，但至少可延續十年，是北京最新的大戰略[13]。

貳、中共的國家安全與利益

根據中共 2002 年 12 月 9 日公布的《2002 年中國的國防》白皮書載明，中國的國家利益，主要包括：維護國家主權、統一、領土完

---

[12] 林中斌，〈和平崛起論：中共最新的大戰略〉，《以智取勝》，pp.217~221
[13] 林中斌，〈和平崛起論：中共最新的大戰略〉，《以智取勝》，pp.208~209

整和安全；堅持以經濟建設為中心，不斷提高綜合國力；堅持和完善社會主義制度；保持和促進社會的安定團結；爭取一個長期和平的國際環境和良好的周邊環境。中國採取一切必要手段維護國家利益，同時也尊重別國的利益，主張通過協商和平解決國與國之間的糾紛和爭端[14]。大陸學界則進一步指出，中共當前確認的國家利益，主要為：一、加強國家政經軍建設，全面建設小康社會；二、發展兩岸關係，推進祖國和平統一，維護國家領土完整；三、與世界各國發展友好關係，促進共同發展，營造有利於中國安定、繁榮和發展的國際環境[15]。概括而言，中共最根本的利益就是兩項：即維護國家安全、發展經濟。

至於中共的國家安全戰略，根據與華府關係密切的美國智庫學者指出，以胡錦濤為首的中共領導當局，其國家安全戰略的核心目標為：

（一）維持共產黨政權的安全與穩定。

（二）保持國家主權的統一與領土完整。

（三）建立國際性的聲望與影響力。

美國官員分析，基於中共為維護自身政權穩定的前提，經濟成長與現代化已成為中共的護身符，主要原因包括：促進經濟成長能滿足民眾並轉移其注意力，從而贏得國內對共產黨的支持、發展經濟能使台灣更形依賴大陸，使中共對台握有更多籌碼，使得經濟與國家發展成為中共社會穩定的保證[16]。

---

[14] 〈2002 年中國的國防〉，《新華網》，2003.2.14，http://news.xinhuanet.com/zhengfu/2003-02/14/content_729004.htm

[15] 倪世雄、王義桅主編，《中美國家利益比較》（北京：時事出版社，2004），pp.50~51

[16] Thomas J.Christensen, "China", Strategic Asia 2001-02: Power and Purpose,

一、中國大陸內部問題影響國家發展

當前困擾中國大陸經濟發展的因素，主要為內部問題。2006 年 7 月 26 日美國國會參眾兩院聯合經濟委員會發表一份研究報告指出，中國大陸經濟成長十分快速，可是有些隱然出現的問題，長期而言會傷害這種成長，這些問題包括不利的人口發展趨勢、官員貪腐和法治不彰、國有企業財務結構脆弱、金融體系的體制不健全、以及國內和國際經貿活動失衡等。此外，中國大陸內部的貧富差距問題、農村失業盲流問題、土地沙漠化問題、水資源短缺問題、環境污染問題、以及仰賴外國石油能源日深等問題，都將是中共領導階層必須正視、並透過有效的經濟策略和實質性的政治體制改革，才能化解的國內嚴重問題[17]。中共則在其「十一五規劃綱要」指出，中國大陸整體發展的長期性深層問題包括：

（一）耕地、淡水、能源等資源相對不足。

（二）生態環境比較脆弱。

（三）經濟結構不合理。

（四）解決「三農」問題任務艱巨。

（五）科技自主創新能力不強。

而近年來隨國家快速發展，又衍生出：投資和消費關係不協調、環境污染加劇、城鄉與區域發展差距和收入差距繼續擴大、社會事

(Seattle&Washington, D.C.: NBR, 2001) pp.30~33

[17] 〈中國大陸經濟面臨五大挑戰〉,《大陸情勢雙週報》, 第 1489 期（台北：中國國民黨政策委員會編印, 2006.8.9）, pp.7~8

業發展仍然滯後等影響國家發展的不穩定因素亟待克服。因此中共
認為，國家發展必須「堅持抓好發展這個第一要務」，才能解決國家
面臨的問題[18]，國家要發展，就必須要有一個內外相對穩定的環境
才能實現。

二、先發展後統一　北京明確定調

　　奠定大陸改革開放的中共第二代領導人鄧小平說，「建設國家現
代化是最大的政治，也是長期任務，即使發生戰爭，打仗以後也要
繼續幹，或者重新幹」[19]。關於發展與安全這兩項北京的國家根本
利益，鄧小平的觀點無疑是以經濟利益為基本要素，在台灣問題上
以實現和平統一為前提，擱置爭議、共同發展，萬不得已才採取軍
事手段維護國家主權[20]。

　　第三代領導人江澤民於 2002 年 11 月 8 日於中共第 16 次全國代
表大會報告指出，實現推進現代化建設、完成祖國統一、維護世界
和平與促進共同發展，是中共 21 世紀的三大歷史任務[21]。大陸學者
認為，根據中共文字表述特點，闡述的先後往往就代表重要性的高
低，在這三大任務中，推進現代化建設無疑是第一重要的目標[22]。

---

[18]　〈中華人民共和國國民經濟和社會發展第十一個五年規劃綱要〉，《新華
　　　網》，2006.3.16，http://news.xinhuanet.com/misc/2006-03/16/content_4309517.htm
[19]　鄧小平，〈目前的形勢和任務〉，《鄧小平文選第二卷》（北京：人民出版社，
　　　1994），p.249
[20]　李少軍主編，《國際戰略報告》（北京：中國社會科學出版社，2005.1），p.615
[21]　江澤民，〈全面建設小康社會　開創中國特色社會主義事業新局面〉《江澤民
　　　文選第三卷》（北京：人民出版社，2006.8），p.529
[22]　倪世雄、王義桅主編，《中美國家利益比較》，p.52

　　第四代領導人胡錦濤 2004 年 11 月訪問巴西，會見當地華僑、華人時，指明中國要強盛，中華民族要振興，「第一要發展，第二要統一」，實現了祖國的完全統一，大陸和台灣地區就都能更好地發展[23]；2006 年 11 月代表台灣出席 APEC 的張忠謀更透露，胡錦濤告訴他，兩岸應該先發展經濟，「別的問題我們一步步來解決」[24]。溫家寶則在 2006 年 4 月訪問澳洲期間，在一場面對當地政要的演講中，脫稿自我介紹說，自己出生於天津農村，小時候戰火燒燬他的全家，他從小就經歷苦難並深知國家建設的艱難，他的使命，就是要尋求人民生活的安定[25]。根據中共第三及第四代領導人的談話，可知北京當前的國家戰略優先次序是先發展後統一。大陸學者則認為，要根本解決國家安全問題、實現國家利益，必須依靠國家發展，現階段中國大陸仍然是一個經濟、技術、軍事落後的發展中國家，除非在矛盾激化、對方將武力強加在中國頭上時，才迫不得已使用軍事手段維護國家主權和領土完整[26]。

　　中共當前國家發展的願景是，讓國內生產總值到 2020 年時力爭比 2000 年翻兩番，人均達到三千美元，全面建設小康社會，使經濟更加發展、民主更加健全、科教更加進步、文化更加繁榮、社會更加和諧、人民生活更加殷實，綜合國力和國際競爭力明顯增強。再

---

[23] 〈胡錦濤同巴西華僑華人共話中國如何強盛與振興〉，《新華網》，2004.11.16，http://news.xinhuanet.com/overseas/2004-11/16/content_2223469.htm

[24] 林淑玲，〈胡錦濤對張忠謀說：把台灣經濟看做跟大陸一樣〉，《中國時報》，2006.11.22.A13 版

[25] 《面對中國》（台北：天下雜誌，2006.7），p.50

[26] 楚樹龍，〈中國的國家利益、國家力量和國家戰略〉，《中國學者看世界 2——國家利益卷》（香港：和平圖書，2006），pp.342~351

繼續奮鬥幾十年，到 21 世紀中葉基本實現現代化，把中國建成「富強、民主、文明」的社會主義國家[27]。

三、台灣不獨 大陸不武

　　共軍將領認為，雖然中國歷史上完成國家統一，莫不以軍事手段達成，但面對國際關係複雜化的今日，大陸不會主動使用武力解決台灣問題，只不過實現和平統一的訴求如果沒有強大的武力支持，「就是一句空話」，因為能戰方能言和[28]。歷代實現國家統一的兩條基本途徑，包含軍事鬥爭的開展和經濟文化的融合，軍事鬥爭包括以軍事為後盾的和平統一，一方面做好政治、經濟、軍事、外交、文化等全方位的準備，先立於主動優勢的地位，把握住國家統一進程的主宰權；另一方面制定正確可行的統一戰爭方略，以確保實現既定的國家統一的戰略目標[29]。對照近年中共軍方在對台問題上已鮮有大動作文攻武嚇，顯示「以軍事做為和平統一後盾、全力發展國家實力」，已是共軍主要思維。

　　共軍思維的另一變化是認同「台灣不獨、大陸不武」。有共軍將領認為，「強調兩岸共同建設一個中國，就是承認兩岸長期分離的客

---

[27] 《江澤民文選第三卷》，p.542；〈聚焦博鰲亞洲論壇：胡錦濤闡述中國發展戰略〉，《新華網》，2004.4.24，http://news.xinhuanet.com/newscenter/2004-04/24 content_1437967.htm

[28] 張世平，〈實現和平崛起亟需中國擁有強大軍力〉，《人民網》，2006.9.5，http://military.people.com.cn/BIG5/1076/52984/4781482.html

[29] 李際均，〈以軍事為後盾的和平統一〉，《華夏經緯》，2003.12.11，http://big5.huaxia.com/js/jswz/00156250.html

觀事實」，承認兩岸在生活與管理方式、經濟模式、思維習慣等各方面存在的客觀差異。在承認差異的前提下，從求同入手，尋找兩岸的利益契合點，而且「只要兩岸還在一個中國的大框架之內，大陸就不存在對台動用武力的可能性」[30]。

　　大陸學者胡鞍剛將一個國家分為五個生命周期：準備期、迅速成長期、強盛期、發展期、衰落期[31]。以中國為例，1950 到 1980 屬於準備期，1980 到 2020 屬於迅速成長期，2020 以後進入強盛期，中國的現代化與國家發展終極目標，就是建立強大、繁榮、民主、共同富裕的社會主義國家[32]。為達成此一目標，北京需要相對穩定的國內及週遭國際環境，若台海局勢因台獨問題出現不穩，中共勢必面臨更多來自內外的壓力，因此制訂《反分裂國家法》，以「非和平方式」嚇阻台獨，有助於維護國家發展照既定程序前進，不因台獨出現而被迫動武，打亂了北京國家發展的腳步。大陸學者不諱言，以武力嚇阻台獨，具有防止國家解體的危險、有助於保護經濟建設大局、為和平統一爭取時間等「收益」[33]。

　　國際社會研判，經濟發展因素將促使北京當局不願意用軍事手段來破壞現狀，整體而言，中共目前傾向於加速融入國際社會，而非在國際體系外，挑戰現存的秩序和規範，但兩個重要變數可能迫使中共改變目前理性路線，第一個變數是大陸內部發生社會動亂，

---

[30]　〈彭光謙：兩岸如何共建一個中國〉，《中國評論新聞網》，2005.10.25，
http://www.chinareviewnews.com/doc/1000/5/2/8/100052878.html?coluid=32&kindid=508&docid=100052878

[31]　胡鞍剛，《中國崛起之路》（北京：北京大學，2007.1），pp.7~8

[32]　胡鞍剛，《中國崛起之路》，pp.382~385

[33]　閻學通，《國際政治與中國》（北京：北京大學出版社，2005.7），pp.269~272

其次就是中共與美國在台灣問題上，陷入安全抉擇的兩難[34]。大陸學界也明白指出，若是國家經濟發展與國家領土主權兩個至關重要的國家利益發生衝突時，經濟利益服從於主權、領土完整利益[35]。也就是說，中共已對經濟發展與國家統一的順序已有明確方針，只要台灣不出現獨立，大陸也就沒有動武的必要，全力發展自身經濟。反之，若台獨成真，就算國家發展未達目標，也必然對台動武。

第二節　反分裂法與兩岸發展的關係

筆者認為《反分裂國家法》第二個戰略意涵是「交流促質變」。本章第一節已說明，反分裂法第八條，有助於防止台獨以便維持中國大陸自身發展，在戰略上屬「被動防禦」；本節則將說明，反分裂法第六條既然賦予北京「依法，必須對台交流」的政治意義，那麼戰略上，它也就是「主動出擊」。

壹、藉交流減緩台灣滑向獨立

正因為台灣在戰略上對中共國家生存至為重要，如果必須阻止台灣獨立，中共極可能對台灣不惜一戰，但若能在不動武下，同時促進經濟發展與國家統一，無疑對北京最為有利。自胡錦濤以來，

---

[34] Alastair Iain Johnston, "Is China a status quo power? ", International Security, Vol.27, No.4 (Spring 2003), pp.49~56
[35] 倪世雄、王義桅主編，《中美國家利益比較》，p.123

中共高層充分認知到，有鑒於台灣的民主體制與社會結構，採柔性攻勢掌握兩岸關係發展主導權、爭取台灣民心向背，將是今後對台工作的第一要務[36]。事實上，台灣內部近年一些兩岸認知的變化，與中共自身國力提升、加強對台交流有絕對關係。

一、台灣商界更傾一中

台塑董事長王永慶在 2000 年 11 月間公開表示支持「接受九二共識，在一中前提下各自表述的見解」，他認為台灣回復九二共識，承認「一中」，兩岸有了確定的和平基礎，便可以構成鞏固的合作關係[37]；後來到了 2001 年，王永慶更直言，台灣企業要保持國際競爭地位，基於「合則兩利」的基本大原則，台灣與大陸不但無仇無恨，而且是同根所生，應坦然接受大陸「一中」的主張，如此台灣眼前的各項困境也會自然得到紓解[38]。

奇美創辦人許文龍在 2005 年 3 月接受《聯合報》專訪時發表退休感言，言明「我認為台灣與大陸同屬一個中國，兩岸人民都是同胞姐妹、《反分裂國家法》的出台，我們心裡踏實了許多，因為敢到大陸投資，就是我們不搞「台獨」，因為不搞「台獨」，所以奇美在大陸的發展就一定會更加興旺」[39]。

---

[36] 王綽中，〈北京柔性攻勢 實質有效〉，《中國時報》，2005.9.8.A13 版
[37] 葛珮育，〈王永慶力促三通 支持一中各表〉，《聯合報》，2000.11.24.1 版
[38] 劉得倉，〈王永慶指就合則兩利大原則接受一中主張〉，《中央社》，2001.6.19
[39] 〈奇美許文龍退休感言〉，《聯合報》，2005.3.26.A4 版

　　長榮集團總裁張榮發在 2006 年中旬表示長榮集團要在上海浦東興建長榮集團大陸營運總部，並前往中國大陸與胡錦濤見面，張榮發啟程赴大陸前批評民進黨政府的兩岸政策，直言「老說「一國兩制」不好，但看看香港，97 年時香港經濟確曾一落千丈，但中國為救香港經濟，同意四省的民眾可以到香港觀光，現在香港股票再創幾年來新高，旅館餐廳一位難求，經濟成長率驚人。台灣執政當局又拿出什麼成績，證明這幾年我們的制度比「一國兩制」好？」[40]，他認為大陸雖名為共產主義，近幾年發展迅速，越來越走向民主化，台灣即使要喊獨立，也應該和大陸維持像親兄弟良好關係，台灣未來前途由下一代來決定，是走向一國兩制或邦聯制，都有討論空間[41]。

二、北京以商逼政　將經貿與台獨掛鉤

　　到了 2006 年 4 月中旬，國共在北京舉辦首屆「兩岸經貿論壇」，隨國民黨榮譽主席連戰同行的近五十位企業負責人，他們的企業產值更占台灣國內生產毛額（GDP）的 48%[42]；歐洲商會 2005 年 4 月發表報告言明，由於台灣仍禁止進口多項中國大陸貨品，不符合世貿組織精神，如果台灣繼續堅持這種錯誤策略，將是逼外商未來在大陸及台灣市場「選邊站」，大陸市場這麼大，外商的選擇將會是中國大陸[43]，美國商會也在年度白皮書中認為，台灣政治局勢變化，

---

[40] 郭錦萍，〈張榮發：拼這種外交有意義嗎〉，《聯合報》，2006.5.5.A2 版

[41] 陳如嬌，〈長榮設上海營運總部 2009 啟用〉，《中國時報》，2006.5.5.A17 版

[42] 陳鳳英，〈淡出藍綠 企業只管布局大陸〉，《中國時報》，2006.5.5.A17 版

[43] 胡健蘭，〈歐洲商會：別逼外商選邊站〉，《中國時報》，2005.4.13.A13 版

不能成為不遵守加入 WTO 承諾的藉口，台灣的競爭者如亞洲其他國家，如果有更好的政策吸引外商，大部分的投資會轉到其他國家，最終讓台灣經濟安全受到威脅，台灣對在大陸營運的投資、發展有限制，影響外商公司的運作及布局，也會將台灣邊緣化[44]。

自 1992 年之後，中國大陸市場已成台灣經濟成長之主要動力來源之一，2005 年台灣對中國大陸（含香港）出口佔全部出口比重已達 37.8%，同一期間，台灣核准對中國大陸投資金額佔核准海外總投資金額 71%[45]，根據世界貿易組織（WTO）秘書處最新的「中國貿易政策檢討」報告指出，台灣 2005 年對大陸（含香港）貿易順差達五百八十億美元，是中國貿易逆差最大來源。台海兩岸產業間貿易額，更是超過中國與全球產業間貿易的一半[46]。

隨著台灣對大陸的經貿依存度愈來愈高，北京已出現轉而重視經濟工具在台海互動作中的作用；例如 2007 年「兩會」期間，攸關台灣營建業發展的砂石問題，中共商務部長薄熙來承認大陸砂石出口到台灣的問題尚未解決，迳指台灣方面設置障礙，製造麻煩，而台灣金融業關心的兩岸匯兌進度，人民銀行行長周小川直言，如果台灣總是鬧台獨，顯然就很難順利進行，溫家寶更在人大閉幕記者會上刻意提及兩岸貿易現況：2006 年兩岸雙邊貿易額已達 1000 億美元，其中台灣向大陸出口 800 億美元。台灣對大陸享有巨額順差

---

[44] 林妙容，〈我限制大陸貨品進口　美商會：違反入世承諾〉，《聯合報》，2005.4.18.A12 版

[45] 〈財經安全的威脅〉，《2006 國家安全報告》（台灣：國家安全會議，2006.5.20），p.57

[46] 〈WTO 報告　台灣對大陸順差 580 億美元〉，《聯合報》，2006.3.20.A13 版

逾 600 億美元，且呈持續成長趨勢，顯示中共已開始針對一些經貿議題與台獨掛鉤處理[47]。

三、綠營兩岸認知微妙轉變　交流取代反中

在台灣政壇被視為「台獨教父」的前總統李登輝，2007 年 1 月接受週刊專訪時，出人意外否認自己主張過台獨，雖然他仍說「不必追求台獨，是因為台灣事實上已是一個主權獨立的國家」，批評民進黨製造追求台獨的「假議題」，但他一席「追求台獨是退步的，而且是危險的作法，因為這樣會把台灣降格成未獨立的國家，也會引起美國、大陸方面很多問題」，仍引起兩岸重視；李登輝除主張台灣應更大膽開放中資來台、大陸人民來台觀光，也擔心目前兩岸沒有溝通平台，到 2012 年北京更換領導人時，對台灣「是一件很危險的事」[48]。

前行政院長謝長廷對於一中議題也有別於一般獨派人士的看法，他在接受《中國時報》專訪時指出，自己之所以強調「憲法一中」，是必須讓人民了解現狀，憲法是否要改、是否要立新憲或制憲，必須讓人民知道憲政的來龍去脈，等人民對台灣認同度再更提升、確立憲法與國家認同共識後，在爭議較小的情況下通過四分之三的修憲門檻不是不可能，避免台灣內部分裂，他也指出，台灣作為一

---

[47] 〈兩會中的對台策略動向〉，《大陸情勢雙週報》，第 1503 期，p.14，http://www.kmt.org.tw

[48] 陳素秋、陳建勳，〈棄台獨　引中資　李登輝：我想訪問大陸〉，《壹週刊》，2007.2.1，pp.29~pp.32

個世界島，想作為全球營運總部、營運中心，也需有開放性，且開放是對全世界開放，這種開放當然也包括中國大陸[49]。

　　行政院在 2006 年底相繼釋出開放人民幣在台兌換業務、擴大小三通適用對象，訂定開放 0.18 微米製程八吋晶圓廠開放政策，一時間政壇盛傳行政院長蘇貞昌正在走「蘇修路線」，雖然最後蘇內閣一些開放構想受限深綠的壓力而退縮[50]，但從謝、蘇等人的言談與作法軌跡上，卻也顯示民進黨領導人的大陸政策思維受到中國大陸政經實力提升後，出現調整跡象。

　　此外，民進黨新潮流系青壯成員在 2006 年籌組「兩岸政經學會」，力促兩岸交流，他們認為，兩岸政策緊縮是短期的，跟兩岸「中長程」的發展趨勢不一樣，民進黨過去在兩岸領域跟社會、學界都很脫節，要趕快開始培養兩岸領域的青年人才庫[51]。民進黨青年世代與過去親民進黨的學運世代團體則認為，民進黨繼續以舊的「外來統治」為圖像來紮稻草人，「就算擊倒稻草人，也不能為台灣帶來未來」，如果中國大陸沒有重大敵人介入，30 到 50 年後一定會成為強大的國家，屆時中國大陸的民主也可能成熟，到時台灣要怎麼應對，無法想像。台灣既然無法做到「切斷兩岸經濟關係」及「宣布台獨」，就應和對岸展開多層次對話，例如政黨層次、國家層次及民間的對話[52]，外交上則應走「親美不反中」路線[53]。

---

[49] 蔡慧貞、林諭林、曾薏蘋，〈強調憲法一中指現狀 兩岸政策 謝：應兼顧主體性開放性〉，《中國時報》，2006.12.27.A4 版

[50] 蔡慧貞、王莫昀，〈蘇修效應 深綠反彈 蘇揆：兩岸經貿政策開放 總統在制高點〉，《中國時報》，2006.12.31.A4 版

[51] 黃雅詩，〈新潮流青壯派 闢兩岸論壇〉，《聯合報》，2006.1.9.A1 版

[52] 曾薏蘋，〈吳介民對直接宣布台獨有疑慮：正視中國崛起 展開對話〉，《中國

貳、台灣人民想法的變化

　　中共自身國力崛起，使其對台政策更具信心，更敢推動對台交流。另一值得觀察的是台灣民眾對中國大陸觀感的微妙變化。

一、民眾認為中共對台灣人民敵意降低

　　對兩岸關係敵友感受度上，陸委會在中共宣布將制訂反分裂法後，於 2005 年 3 月所做民調顯示，六成六至七成九的民眾認為中共對我政府是具有敵意的，而四成六至五成五的民眾認為中共對我人民具有敵意。中共將制定「反分裂國家法」的消息經媒體披露後，民眾感受中共對我敵意升高至七成九，為近 3 年（2003~2005）來之最高點[54]。

　　在《反分裂國家法》通過後近一年，陸委會於 2006 年 2 月所公布的民調顯示，對兩岸關係敵友感受度上，四成五至五成八的民眾認為中共對我政府具有敵意，而三成七至四成七的民眾認為中共對我人民具有敵意，相較於前一年調查，民眾感受中共對台灣政府及人民的敵意，分別下降一成四至二成，陸委會分析下降原因與反分裂法通過後，北京邀連宋訪中、開放台灣農產品零關稅及贈台貓熊等事件影響所致[55]。2007 年 2 月陸委會的民調則顯示，對兩岸關係

時報》，2006.9.29.A3 版
[53] 林修全，〈民進黨新生代擬組黨 親美不反中〉，《聯合晚報》，2007.5.22.第 2 版
[54] 〈台灣民眾對過去一年兩岸關係及近期中共制定「反分裂國家法」的看法〉，《陸委會網站》，2005.3，http://www.mac.gov.tw/。
[55] 〈民國 94 年民眾對大陸政策及兩岸關係的看法綜合分析報告〉，《陸委會網站》，2006.2，http://www.mac.gov.tw/

敵友感受度上，六成至七成七的民眾認為中共對我政府具有敵意，另有四成一至四成六的民眾認為中共對我人民具有敵意[56]。

到了 2007 年 4 月陸委會公布的民調，五成八的台灣民眾認為大陸當局對我政府是不友善的，但只剩三成九的民眾認為大陸當局對台灣人民不友善（「非常不友善」12.2%、「不友善」27.7%）。顯示台灣民眾對於「中國大陸對台灣人民敵意」的感受，自反分裂法通過後，呈逐年下降的趨勢[57]。

二、柔性攻勢加深台灣民眾與政府想法落差

根據《聯合報》2006 年 1 月所做的民意調查，發現儘管台灣政府的兩岸經貿政策趨向緊縮，但仍有六成一民眾期待現階段開放直航，直航公投構想也獲得六成七民眾青睞，台灣民眾對開放直航影響國家安全的疑慮，在 2006 年降至民進黨政府主政以來的最低點。

《聯合報》民調顯示，2000 年時有六成左右的民眾認為開放直航會危及國家安全，約三成認為不致有影響，正反看法比率相差約三十個百分點，但到 2006 年，雖然仍有四成九民眾覺得兩岸直航會對國家安全造成威脅，但只比認為不會影響國安者多出十個百分點。此外，調查也發現，針對近來屢被指為統戰工具的熊貓，六成五民眾認為受贈熊貓與國家主體性是兩碼事，僅一成九認為開放熊

---

[56] 〈民國 95 年民眾對大陸政策及兩岸關係的看法綜合分析報告〉，《陸委會網站》，2007.2，http://www.mac.gov.tw/

[57] 〈民意調查──民眾對當前兩岸關係之看法〉，《陸委會網站》，2007.4，http://www.mac.gov.tw/big5/cnews/ref960504.pdf

貓來台對台灣主體性會造成傷害。至於政府是否應接受大陸打算贈送台灣的熊貓？五成希望政府開放熊貓來台，三成四反對，一成六無意見。《聯合報》根據長期調查所做的推測，認為中國大陸柔性統戰手法有效鬆動台灣民眾對大陸政權的敵視感受與防衛心態，是讓開放直航呼聲居高不下的可能原因[58]。而陸委會 2007 年 4 月的民調更顯示，有六成九的民眾認為應該「有條件開放直航」，有一成四的民眾認為應該「無條件開放」，贊成開放的比例高達八成三[59]。

此外，儘管台灣政府仍不開放承認大陸學歷、強調中國大陸對台灣是威脅，但根據《遠見雜誌》2006 年的調查發現，台灣人最心儀的國家為美、日，與台灣既威脅又合作的大陸，躍居台灣人最佩服的第 3 名、最想旅遊第 3 名、最想移民第 6 名、最想遊學國家第 8 名，《遠見雜誌》分析指出，台灣人最愛美、日，但感受到大陸的快速竄升，這樣的變化非常值得國內警惕，因為台灣人民最佩服自己國家的僅有 2.7%，名列第 10 名[60]，顯示縱然台灣人民對中國大陸好感度不佳，但在中國大陸崛起帶來的機會下，重新對中國大陸的認知產生改變。

參、利用反分裂法確保和平發展戰略

整體而言，解決內部問題、確保經濟發展並完成國家統一、經略亞太及國際事務，都是北京和平發展（崛起）的國家大戰略一環，

---

[58] 民調，〈兩岸直航 67%支持公投 49%擔心國安〉，《聯合報》，2006.1.16.A4 版
[59] 〈民意調查——民眾對當前兩岸關係之看法〉，《陸委會網站》，2007.4，http://www.mac.gov.tw/big5/cnews/ref960504.pdf
[60] 韋麗文，〈台灣人 最佩服國 大陸第三〉，《聯合晚報》，2006.6.29.第 1 版

三者環環相扣。美國智庫學者認為，中共若要達成國家發展目標，須做到四個基礎項目：

（一）積極參與區域的國際組織。

（二）與亞洲地區的主要國家發展戰略性的夥伴關係，並積極深化雙邊性的合作互動。

（三）拓展區域性的經濟合作關係。

（四）在軍事安全領域上，降低亞洲國家的不信任感和「中國威脅」焦慮感[61]。

若再進一步從這四項基礎延伸，可看出中共當前的經外重點作為包括：

（一）積極建立與東南亞國家間更加密切的政治、經濟互動合作關係，並運用東協區域論壇的架構及「中國－東協自由貿易區」的發展，突破西方國家對中國的圍堵戰略。

（二）中共在朝鮮半島採取平行交往戰略，一方面維持與北韓的政治、軍事聯盟及經援措施，同時也強化與南韓間的經貿互動，吸引南韓的大企業赴大陸投資。

（三）中共在南亞國家，包括印度及巴基斯坦等的互動策略上，也採平行交往措施，一方面強調與印度在經濟合作的發展空間，降低雙方邊界緊張關係，一方面繼續保持與巴基斯坦的軍事合作項目[62]。

---

[61] David Shambaugh, "China Engages Asia", International Security, Vol.29, No.3 (Winter 2004/5), p.72

[62] David Shambaugh, "China Engages Asia", pp.73~85

　　吾人至此可瞭解，中共的和平發展（崛起）戰略，對內對外均以「發展經濟、降低衝突」為核心，但在此同時，也必須防止台獨導致「發展 VS 戰爭」的兩難。在「和平崛起」思維下，透過政治、經濟、外交、社會等途徑達成統一目的，「不戰而屈人之兵」，利於達到「和平發展（崛起）」的國家戰略目標[63]。

　　本文第二章已說明，從 2006 年 4 月 16 日的「胡四點」談話，以「推動兩岸關係的和平發展」替代「和平統一」後，中共相關官員在談及兩岸關係，無不以「和平發展」為主要論述基調，顯示北京已將對台政策與全球外交接軌。北京藉由《反分裂國家法》第六條與第八條，一方面持續對台交流、擴大交流面，一方面嚇阻台灣出現法理台獨、確保國家發展。藉由防獨與加強對台交流，使中共更有信心隨著經濟發展與時間，自然地解決「台灣問題」。根據前述內容，顯示伴隨中國大陸國力提升與近年加強對台交流，確已造成台灣內部微妙質變，也代表反分裂法有助於維繫北京「和平發展（崛起）」的國家戰略。

第三節　反分裂法與美中互動的關係

　　筆者認為《反分裂國家法》第三個戰略意涵，是「聯美管台海」，即北京希望營造美中共管台海、聯手遏制台獨的統一戰線，因此本

---

[63] 林中斌，〈中共建構中之國家發展戰略——和平崛起論〉，《以智取勝》，pp.223

節將藉由分析美國對華政策、美中共同利益等角度，檢視反分裂法
與美中互動關係。

壹、美國的對華及台海政策

隨著世局演變，美國的對華政策也在調整。從尼克森到小布希
等七任總統的三十多年來，各項美國對華政策談話、文件，均強調
美國「一個中國」政策的立場，承認北京代表中國合法政府。但在
台灣關係法的運作下，美國對華政策從雷根總統開始至今，實際上
至少可以說是「一個中國，以及一個以上的政府」，或是「一個中國，
一個政府，一個政治實體」[64]。關於美國對華政策演變，可參閱以
下表 5-2 說明。

表 5-2 美國「一個中國」政策歷史演進

歷史分期	時間	政府	政策內容	理論基礎	一中對象	主要文件
搖擺一中 1945-1949	1945-1949	杜魯門	搖擺不定：放棄國民政府、保衛台灣、放棄台灣	台灣戰略地位	認同中華民國、準備承認中國	1949：中國白皮書
形式一中 1950-1971	1950-1952	杜魯門	貫徹兩個中國	台灣地位未定、台海中立化	保衛中華民國、不反對中共	1950：下令第七艦隊協防台灣申明
	1953	艾森豪	解除束縛（「放蔣出籠」）	不保衛中共	認同中華民國、反對中共	1953：國會容文

---

[64] 胡為真，《美國對華一個中國政策之演變》（台北：台灣商務印書館，2001），p.216

	1954-1960	艾森豪	實質兩個中國、保衛台灣	台灣地位未定、台海中立化	認同中華民國、不反對中共	1954：中美共同防禦條約
	1961-1968	甘迺迪、詹森	實質兩個中國、保衛台灣、談判取代對抗	台灣地位未定、台海中立化	認同中華民國、不推翻中共	1961：總統中國政策講話
	1969-1971	尼克森	兩個中國、雙重代表權、談判取代對抗	台灣地位未定、台海中立化	支持中華民國、不反對中共	1971：總統國會演說
模糊一中 1972-1993	1972-1976	尼克森·福特	一個中國	和平解決台灣問題	支持中華民國、與中共交往	1972：上海公報
	1977-1980	卡特	一個中國、台灣地位等同國家	和平解決台灣問題、保衛台灣	承認中共	1978：建交公報 1979：台灣關係法
	1981-1988	雷根	一個中國、不支持兩中	和平解決台灣問題、保衛台灣	承認中共、保衛台灣	1982：八一七公報
具體一中 1989~	1989-1992	老布希	一個中國	和平解決	承認中共	1989：總統訪問北京講話
	1993-2000	柯林頓	一個中國、三不政策、兩岸對話、不使用武力	和平解決	承認中共	1998 三不政策 1999：三大文報
	2001-	小布希	一個中國、不支持台獨、反對兩岸片面改變現狀	和平解決	承認中共	2003 小布希總統與溫家寶談話

資料來源：許志嘉，《當代中共外交政策與中美關係》（台北：生智，2004）pp.194~195

一、台海現狀由美定義 雙重明確

2004 年 4 月，美國助理國務卿凱利（James A.Kelly）在國會聽證會說明美國台海政策「核心原則」（Core principles）時指出，美國堅守三個聯合公報和台灣關係法為基礎的一個中國政策、美國不支持台灣獨立或片面採取改變我們所界定的現狀之舉動（the status quo as we define it）。對北京而言，這是不對台灣使用武力或威脅使用武力，對台北來說，則是必須謹慎處理所有層面的兩岸關係，對兩岸共同所指的是，不得有片面改變台灣現況之聲明或舉動[65]。美國政府公開表明：台海現狀，美國說了才算數，這個現狀指的是「大陸不武、台灣不獨，兩岸均不得有片面改變現狀之舉」。

至於美國在台海扮演的角色，根據凱利的說法，美國並非兩岸之間爭議的直接參與者（The United States is not a direct participant in the dispute between the PRC and Taiwan），但是美國將盡其所能，創造有助於和平解決爭端的環境，如此才符合美國的重大利益，讓兩岸重啟對話是重要的第一步。美國的目標是促進中美堅實的雙邊關係以及台美堅定的非官方關係[66]。

美國認為，維護美台關係對美國有四項主要利益：一、維持西太平洋勢力的均衡；二、台灣持續對中共現代化發揮正面影響；三、維護美國國內對中共政策所形成的政治共識；四、台灣所扮演角色

---

[65] "The Taiwan Relations Act: The next twenty-five years", Hearing before the committee on International relations, 2004.4.21, http://www.internationalrelations. house.gov/archives/108/93229.pdf

[66] "The Taiwan Relations Act: The next twenty-five years", http://www. internationalrelations.house.gov/archives/108/93229.pdf

有助維護美國在亞洲的信譽[67]，海峽兩岸達成和平解決台灣問題的方案，最符合美國利益，但在此之前，美國必須確保兩點，以維護本身利益：一、台海不致爆發戰爭；二、鼓勵雙方進行對話與交流[68]。

　　中共的看法認為，美國的台海政策，是一手一再保證美國奉行美中三個聯合公報所確定的「一中政策」、不支持台灣獨立，以消除中共對台獨的疑慮，另一手則是不斷擴大對台灣的政治、軍事等各方面的支持，以增加台灣抗拒統一的能量與「信心」。美國的目的在於既保證台海局勢穩定，又保證兩岸分離狀況長期存在，從而確保美國最大利益[69]。但就美國政府決策來看，保持一中政策的戰略性模糊與彈性的一中政策，對美國而言最符合本身利益，並可更靈活地面對國內外環境的轉變。在一個中國、和平解決、兩岸對話的三大支柱中可發現，維持台海現狀穩定，是長期以來美國所堅持，即使要改變現狀，也必須採和平方法[70]。基於兩岸社會有很大歧異，目前幾乎不存在就最終解決達成妥協的基礎，美國目前在台海問題上的目標，應該是使問題獲得管理，而非尋求永久的解決[71]。因此有人認為，美國在兩岸間漸趨扮演「平衡與仲裁者」的角色[72]。

---

[67] 馬丁・拉薩特（Martin L. Lasater）、俞劍鴻（Peter Kien-hong Yu），《後鄧小平時期的台灣安全》（Taiwan's security in the Post-Deng Xiaoping Era），（台北：國防部史政編譯室，2004.6）p.12

[68] 馬丁・拉薩特（Martin L. Lasater）、俞劍鴻（Peter Kien-hong Yu），《後鄧小平時期的台灣安全》（Taiwan's security in the Post-Deng Xiaoping Era），p.23

[69] 修春萍，〈試析美國台海政策與亞太利益〉，《中美戰略關係新論》（北京：時事出版社，2005），p.239

[70] 許志嘉，《當代中共外交政策與中美關係》（台北：生智，2004），p.189

[71] 〈華府智庫：美應管理台海問題 非尋求永久解決〉，《聯合報》，2002.7.1.第4版

[72] 傅建中，〈布希總統在兩岸扮演平衡與仲裁的角色〉，《中國時報》，2005.6.10.A13版

二、解決爭議須獲兩岸人民同意　美國只重和平不問結果

　　另一個值得觀察的重點在於，過去美國在談及兩岸前途時，往往要求解決爭議的方法「須獲台灣人民的同意」，但在 2001 年，美國國務卿鮑爾在提名聽證會時表明，「台灣是中國的一部分」。中華人民共和國和台灣如何在「台灣是中國一部分」的概念下解決歧見，應在武力以外的方式下，由兩岸自行決定。美國期待並要求一種能讓「台灣海峽兩岸人民都能接受的方式」，和平解決（兩岸問題）[73]。

　　2004 年，鮑爾被媒體問到「台灣議題的最終解決方案，是否也應得到中國大陸人民接受？或者你們會忽視 13 億人的聲音與意願？」時，鮑爾再一次表明「（兩岸問題解決方案）必須兩邊都能接受，這才是和解的意義」[74]。此後，「台海解決方案須兩岸人民接受」即成為美國另一台海問題重要基調，並多次被美國官員所強調。美國此項政策論點固然不必解讀為向北京傾斜，但至少台海問題乃至「台灣前途」，絕對不光是台灣人民說了算，在美國眼中，兩岸的民意同等重要。但遺憾的是，台灣政壇及民眾，顯然仍未察覺這個部分。本文在第三章已分析，北京制訂反分裂法，具有以「以大陸民意（反獨）抗擊台灣民意（公投自決）」的意味，在這個部分，反分裂法在邏輯上並未與美國的台海政策衝突，反而有一定程度的共同點。

---

[73] "Confirmation Hearing by Secretary-Designate Colin L. Powell", Washington, DC, 2001.1.17, http://www.state.gov/secretary/former/powell/remarks/2001/443.htm

[74] "Remarks With Chinese Foreign Minister Li Zhaoxing After Their Meeting", Washington, DC, 2004.9.30, http://www.state.gov/secretary/former/powell/remarks/36641.htm

　　此外，長期以來關切美中台三方互動人士多認為，維持兩岸不統不獨的現狀，甚至「讓台灣永久脫離中國控制」最符合美國的利益；前美國總統柯林頓曾私下告訴已故海基會董事長辜振甫，台灣應該和大陸對話，談總比不談好，「但可不要談攏」[75]，就是個中代表。不過，當中國大陸的綜合實力不斷增強之際，美國也必須慎重地考量兩岸融合對美國利益的影響。包括前總統柯林頓1998年任內訪問大陸、2004年國務卿鮑爾，都曾說過美國的兩岸政策不抵觸「和平統一」[76]。

　　美國智庫有人認為，隨著台灣與大陸內部各自形勢的變化，將使美方長期堅持的「一個中國」政策出現困境，但支持分裂中國與坐視台灣民主社會遭中國大陸併吞，均非美國所樂見，因此美國應在支持「未來一個中國」的前提下，承認台灣的中華民國是一個國家，但不是一個獨立於中國之外的國家，藉由這項階段性的兩個中國政策，讓北京不必擔心台獨問題，並使自身免於捲入台海衝突[77]。這個構想已相當接近台灣泛藍人士所稱的「兩岸一中」。此外，也有人認為，美國過去談到中國統一，只想到中共可能採武力併吞台灣，

---

[75] 羅如蘭，〈一中非重點　各表才是底線〉，《中國時報》，2005.4.22.A2版

[76] 柯林頓1998年6月29日訪問大陸時在北大演講，回答學生問題時說，美國對台政策並非兩岸「和平」統一的障礙。美國推行「一個中國」政策，但主張兩岸統一必須以和平方式達成，「美國政策不是中國與台灣和平統一的障礙」；鮑爾則在2004年10月25日訪問大陸接受鳳凰衛視專訪時，指美國希望兩岸都不要採取片面行動，這片面行動會扭曲一個最終的結果，那就是各方所尋求的「統一」（We want to see both sides not take unilateral action that would prejudice an eventual outcome, a reunification that all parties are seeking.）。

[77] Martin L.Lasater, "The United States Should Adopt a Two-China Policy", Taiwan Security Research, 2003.8.13, http://taiwansecurity.org/IS/2003/Lasater- 081303.htm

卻很少想到台灣可能主動選擇與中國大陸融合，對美國而言，台灣
若選擇與大陸統一，美國幾乎沒有方法可以阻止。其實美國不妨想
想，台海兩岸統一有一個相當明顯而重要的好處，就是排除一項可
能將美國捲入軍事衝突的「發火點」，儘管兩岸統一可能損及美國若
干利益，但相較於消除引爆美中軍事衝突的發火點，或立即且全面
降低美中雙方的磨擦衝突風險，那些因兩岸統一而導致的不利損
失，也可算做化解戰爭的代價[78]。此外，美國前國防部助理部長奈
伊（Joseph S.Nye）某次在台演講時，被台下獨派大老辜寬敏追問，
美國不接受台灣獨立，但如果台灣宣布和大陸統一，美國能接受嗎？
對此奈伊說：「為何不接受？只要不發生戰爭，要怎麼樣是你們自己
去決定。」[79]。

　　伴隨綜合國力上升，大陸學者對今後美中互動也更樂觀，一方
面是今後雙方互動將會是雙重性質：一方面美國會要求中國讓步，
另一方面也有可能對中國讓步，美國趨於將中國視為各類領域問題
的頭號協商對象。在台灣問題上，美國不但有可能在「遏獨」上採
取更多與中國平行的行動和局部協作政策，甚至有可能視大局發
展，逐漸接受兩岸和平或基本和平的統一[80]。

　　綜上所述，不能排除中共利用反分裂法，將「防獨保國發」與
「交流促質變」同步執行，確保國家綜合實力增強，達成讓美國最

---

[78] Nancy B.Tucker, "If Taiwan Chooses Unification, Should the United States Care? ", The Washington Quarterly, 25: 3 (Summer 2002), pp.24~27

[79] 陳英姿，〈辜寬敏：美不接受台獨 但台灣若宣布和大陸統一 美能接受嗎？ 奈伊：只要不戰爭為何不接受？〉，《聯合報》，2001.7.7.第 2 版

[80] 時殷弘，〈美國在適應中國的發展〉，《新華網》，2006.5.11，http://news.xinhuanet. com/world/2006-05/11/content_4533254.htm

終也只能「心不甘情不願的讓兩岸融合，以相對確保美國的利益」的目的。

關於台海未來發展的各種狀況及可能對美國利益造成的正、負面影響，請參閱以下表 5-3。

表 5-3　兩岸的未來對美國利益的影響

情況	是否符合美國利益	是否違反美國利益
狀況一：海峽兩岸達成和平協議		
統一	是：如果中共民主化、不追求霸權而且對美友善	是：如果中共維持共產有稱霸野心並對美國充滿敵意
台灣獨立	是	否
兩個中國	是	否
一中一台	是	否
維持現狀	是	否
狀況二：海峽兩岸無法達成協議		
統一	否：除非中共民主化、沒有稱霸野心，而且對美友善	否：如果中共以武力達成該項目的

台灣獨立	可能：如果台海戰端可以避免，而且中（共）美關係尚未明朗化	是：如果台海發生戰爭
兩個中國	可能：如果台海戰端可以避免，而且中（共）美關係尚未明朗化	是：如果台海發生戰爭
一中一台	可能：如果台海戰端可以避免，而且中（共）美關係尚未明朗化	是：如果台海發生戰爭
維持現狀	是；如果台海戰端可以避免，而且中（共）美關係尚未明朗化	是：如果台海發生戰爭

資料來源：馬丁‧拉薩特（Martin L. Lasater）等《後鄧小平時期的台灣安全》（Taiwan's security in the Post-Deng Xiaoping Era），p.22

貳、美中關係新定位確保彼此共同利益

　　美國如何看待中共崛起是 21 世紀初極受關注的議題。80 年代末期以來，美國內部的爭論主要是中共是否會崛起，但到現今，美

國內部的討論已轉變成：面對中共的崛起，美國如何自處？因此找出兩國關係的定位，成為美國當前外交戰略的主要考量。

一、美中兩國的利益糾葛

根據美國國務院的文獻資料，美中兩國當前在防核擴散、反恐執法、衛生、環保等國際議的互動增加，已成為兩國關係持續發展的一個主要特徵。美國認為，在這些領域上，雙方不但擁有共同利益，也已有好的合作方式。但在軍事交流、人權（宗教與民主等）、經貿匯率、能源等議題上，美國敦促中共應採更透明、開放與正面的作為，美國也將持續關切。至於台灣議題，美國明確表明，兩岸分歧應以海峽兩岸人民都能接受的方式和平解決，美國不支持臺灣獨立，反對任何一方採取改變台海現狀的單方面步驟[81]。中共則認為，安全戰略、反恐、貿易磨擦、能源、軍事、台灣、北韓及聯合國改革等八項，是美中關係中最敏感且重要的議題。其中在安全戰略、貿易磨擦、能源、軍事、聯合國改革上，美中都有較多的分歧意見，至於台灣問題，中共認為隨近年美中關係互動密切，台灣問題已漸自兩國爭議中「去核心化」[82]。

中共中央黨校學者分析，美中之間的利益矛盾，具體顯現在：全球戰略及世界秩序、地緣戰略、意識型態與社會制度、文明差異，

---

[81] "U.S.-China Relations"與"Economic Relations Between the United States and China"兩項文件可參閱美國國務院網站：http://www.state.gov/p/eap/rls/64715.htm, http://www.state.gov/p/eap/rls/64718.htm

[82] 參閱《新華網》相關資料：http://www.xinhuanet.com/world/zmgx.htm

以及雙方的「熱點議題」——包括主權問題（台灣、西藏、南沙等）、人權問題、軍控、環保等問題。而美中之間的共同利益，則顯現在：兩國現階段都希望國際局勢保持穩定、兩國均不想走上大國對抗、兩國在亞太擁有共同安全利益、隨全球化，兩國經濟面上共同利益增多、台灣問題上，反對台灣獨立、台灣出現核武上，兩國有共同利益[83]。

表 5-4　存在於美中雙方間的利益分析

性質 ＼ 項目	共同利益	分歧利益	性質不明利益
地緣及全球戰略		V	
經貿與匯率摩擦		V	
宗教人權		V	
能源競逐		V	
反恐及執法	V		
軍控及軍事交流	V		
防核擴散	V		
衛生環保	V		
雙邊貿易	V		
台海穩定	V		
人員及文化交流	V		
大陸發展民主			V

資料來源：本研究整理

---

[83] 劉建飛、林曉光，《21世紀初期的中美日戰略關係》（北京：中共中央黨校出版社，2002），pp.364~382

二、美中關係新定位

美國認為，自 1972 年 2 月尼克森訪問中國大陸的破冰之旅和
1979 年 1 月美中兩國外交關係正常化以來，美中關係取得了穩步發
展。連續七屆美國政府執政期間，美國的政策一貫鼓勵中共對外開
放，融入全球體系，這是美國政府對中國政策的連續性[84]。但隨著
中共綜合國力提升，美國對於如何在國際體系中定位中共，看法莫
衷一是。在與中共關係問題上，美國人可分成三類陣營，右派視中
國為重大威脅，左派採姑息立場，中間派則為務實主義，主張華府
在試圖改善與北京政府的同時，也不該對中國失去戒心[85]。

直到前任副國務卿佐立克（Robert B. Zoellick）於 2005 年 9 月
任內時提出鼓勵中國成為國際體系內「負責任的利害關係人」
（encourage China to become a responsible stakeholder）[86]，才明確了
21 世紀初美國對中共的關係定位。

根據佐氏所提的內容可看出，美國認為，中國不尋求傳播激進的
反美意識、中國雖未實行民主，但也不與全球民主制度進行最後搏
鬥、中國並沒有與資本主義進行殊死鬥爭的作為。此外，中國也沒有
顛覆現行國際體系的基本秩序，事實上中國領導人反而認定中國的成
功依賴於與當代世界聯成一氣，這都是目前中國大陸與 1940 年代蘇

---

[84] "US-China Relations", 2006.4.18, Fact sheet, Bureau of East Asian and Pacific Affairs, http://www.state.gov/p/eap/rls/64715.htm

[85] 何瑞嘉，〈中國軍事威脅 布希務實應對〉，《自由時報》，2006.2.13.A7 版

[86] Robert B. Zoellick, "Whither China: From Membership to Responsibility? ", Remarks to National Committee on U.S.-China Relations, 2005.9.21, http://www.state.gov/s/d/rem/53682.htm

聯崛起不同之處，意味美中不會像過去美蘇般進行冷戰。美國瞭解中國顯然需要一個良好的國際環境，努力解決國內問題、中國人希望受到尊重，但中國不想與美國發生衝突，美國尊重中國在亞洲地區的角色與利益。因此美國對中國政策的主流思維，將會逐漸從尼克森時期「雙方共同反對的事決定彼此的關係」，轉變為「雙方都贊成的事決定彼此的關係」的積極性思維，並開始規劃發展共同合作機制[87]。

　　隨著美中兩國間越來越密切的互動，美國在確認了對中共關係的定位後，在美中關係的方針上採取鼓勵中國加入全球經濟和整個國際體系，並成為其中一名負責任的成員，美國認為儘管兩國間仍然存在重大分歧，但美國有理由相信對實現這個總體目標抱持樂觀態度。美國副國務卿尼格羅龐提（John Negroponte）明確指出，美中關係發展的六大目標為：

（一）維護東亞地區的和平與穩定；

（二）促使中國和世界經濟持續增長，同時保障能源安全並保護環境；

（三）制止武器擴散並打擊恐怖主義和跨國犯罪活動；

（四）遏制包括大規模流感在內的各種傳染病的流行；

（五）制訂有效的國際性對策解決人道危機；

（六）促進人權和宗教自由[88]。

---

[87] Robert B. Zoellick, "Whither China: From Membership to Responsibility? ", Remarks to National Committee on U.S.-China Relations, 2005.9.21, http://www.state.gov/s/d/rem/53682.htm

[88] John D Negroponte, "The Future of Political, Economic and Security Relations with China", Testimony of Deputy Secretary John D Negroponte Before the House Committee on Foreign Affairs, 2007.5.1, http://foreignaffairs.house.gov/110/neg050107.htm

六大目標中涵蓋了雙方共同與分歧利益，筆者認為這顯示美中關係已漸趨成熟。美國主流媒體也指出，雖然美國總統布希初入主白宮時，對中共深懷疑慮，並質疑柯林頓政府稱美中可建立「戰略夥伴關係」的構想，但隨著兩國越來越多需要攜手合作的國際議題，包括國務卿萊斯在內的越來越多美國官員如今認為，對美國解決錯綜複雜的外交問題而言，中共扮演日益重要的夥伴角色[89]。關於 21世紀以來美中關係發展，可參閱下面表 5-5 與 5-6。

表 5-5　近年美國政府高層關於美中關係談話

時間	人物	談話內容	資料來源
2001.7.29	國務卿鮑爾	不再使用「戰略競爭者」這個字眼形容中共	http://www.state.gov/secretary/former/powell/remarks/2001/4347.htm
2005.1.18	國務卿萊斯	將和中共發展坦率、有建設性和合作的關係	《聯合報》，2005.1.19,A14 版
2005.3.19	國務卿萊斯	美國希望中國成為全球夥伴，美國有理由歡迎一個有信心、和平和繁榮的中國崛起	http://www.state.gov/secretary/rm/2005/43655.htm
2005.4.14	總統布希	美國目前和中共的關係非常複雜也很友好	http://www.whitehouse.gov/news/releases/2005/04/20050414-4.html
2005.9.21	副國務卿佐立克	美國希望中共扮演「負責任的利害關係人」（responsible stakeholder）	http://www.state.gov/s/d/rem/53682.htm
2006.10.13	國務院亞太事務助卿希爾	美中兩國因北韓問題更緊密地結合在一起，美中間密切的互動史無前例（unprecedented）	http://www.state.gov/p/eap/rls/rm/74082.htm

---

[89] Glenn Kessler, "Rice Sees Bright Spot In China's New Role Since N. Korean Test", Washington Post, 2006.10.22, Page A21

2007.5.1	副國務卿尼格羅龐提	美國致力與一個穩定、尊重公民權利並與鄰國和平共處的「繁榮昌盛之中國」建立真正的夥伴關係。美國有理由相信對實現這個總體目標持樂觀態度	http://foreignaffairs.house.gov/110/neg050107.htm

資料來源：本研究整理

表 5-6　近年美中雙邊重要合作項目

時間	內容	資料來源
2005.4.13	美中建立每年一度的定期全球問題論壇，確立全球合作領域	美國國務院網站，2005.4.13
2005.8.1	雙方建立一年兩度的定期高層戰略對話機制	《聯合報》2005.8.3.A13 版
2005.11.20	中美達成禽流感防控雙邊合作共識	《新華網》2005.11.20
2006.5.11	中美可望就軍事熱線達成協議	《新華網》2006.5.11，英文新聞
2006.9.18	中美兩國以海上反恐搜救展開首度聯合演習	《新華網》2006.9.18
2006.9.20	雙方建立一年兩度定期的「中美戰略經濟對話機制」	《中國時報》2006.9.21.A13 版
2007.2.20	朝核問題六方代表於 2007 年 2 月 13 日在北京達成協議，北韓同意關閉核設施，並允許國際核查人員進行驗證。美國助理國務卿希爾盛讚美中兩國緊密合作所發揮的作用。	《美國參考》網站，2007.2.20

資料來源：本文研究整理

三、美中相互追求共同利益的探究

美中兩國可能因共同利益面漸增而深化合作，首先是「圍堵政策」並非美國主流。圍堵中共難以成為美國對中長期政策，是因缺乏「圍堵中共」的理論基礎，除因美中兩國歷史上沒有不愉快經驗、二戰時更是盟友，除台灣外，兩國間沒有因鄰近國家可能產生的領土衝突或因爭奪勢力範圍引發重大爭議，使得美國對中國的傳統看法上與過去對蘇聯有相當程度差異。冷戰結束後，國際間有「中國威脅論」產生，但主要論點都在於中共的人權看法與美國有異，並在經濟與軍事上的發展有可能影響美國領導地位，但這些狀況僅是反映現實國際政治中每個國家的國家利益不同的常態而已，很難做為「中國威脅論」的理論依據，因此主張遏制中共以防其威脅的看法，一直停留在美國學術界、新聞界或國會部分人士，並未成為美國「中國政策」的主流[90]。

其次，在美國的全球戰略中，每一項國家利益目標幾乎皆需要中共的配合，否則難竟其功，美國的亞太戰略自然更不能忽視中共的角色，中共也十分清楚未來美國在全球政經體系中位居超強地位穩定，中共不但在未來一段時間並無能力挑戰其地位，而且任何對其直接挑戰皆會對中共的現代化計劃造成負面影響，因此中共願意承認美國在全球體系的領導地位。但中共並非毫無條件，其前提就

---

[90] 張亞中、孫國祥，《美國的中國政策──圍堵、交往、戰略夥伴》，（台北：生智，1999），pp.330~331

是美國要以正面友善的態度承認中共在亞太地區和全球的大國地位，並在台灣問題上不挑戰「一個中國原則」[91]。

　　再就美國的觀點，由於美中關係越來越複雜、密切，除美國官方外，美國許多重要智庫也發表研究報告，探究美中關係前景。值得注意的是，相關報告的研究結論，均對美中關係未來前景抱持審慎樂觀的態度。

　　由美國戰略暨國際研究中心（CSIS）與國際經濟研究院（IIE）共同發表的一份研究報告指出，基於對中國大陸現狀及前景評估，報告認為中國同時是美國經濟與國家安全上的機會與威脅，中國成為威脅或機會的程度，將取決於中美政策取向與內部因素，美國一方面積極整合中國進入國際經濟與安全體系，一方面也需做好內政、外交、國防上的準備，以防中國做出有違美國利益的行動。報告認為，美中共同利益遠大於潛在衝突，除兩國分享的經濟利益越來越多，美中更在防核擴、反恐，尤其是在化解台海危機上享有共同利益，只要圓融處理好雙邊關係，美中兩國就可擴大合作、縮小對峙風險。

　　報告結論更指出，假設中國持續崛起，美國必須在全球舞台上，使中國完全成為其經濟與政治夥伴，至少應相當於歐盟與日本等傳統夥伴，美國應該與部分其他國家一樣，適應中國的新地位；就算中國出現敗象或混亂，美國的中國政策也應是尋求交往而非孤立，以減輕中國動亂帶來毀滅性經濟與安全後果。美中兩國成為世界兩大巨頭的時間已為時不遠[92]。

---

[91]　張亞中、孫國祥，《美國的中國政策──圍堵、交往、戰略夥伴》，pp.185~195
[92]　戰略暨國際研究中心（CSIS）、國際經濟研究院（IIE），樂為良、黃裕美譯，

　　另一份由前美軍太平洋司令部總司令布萊爾（Dennis C.Blair）和前美國貿易代表希爾斯（Carla A.Hills）等三十名中國問題專家及美國前政府官員組成的獨立工作小組所同完成的一份研究報告則指出，美中關係至關重要，將對21世紀的國際安全格局起決定性的作用，「美國應充滿自信地、以肯定態度接納中國」。報告認為，美中兩國應藉由建立起合作和協作的慣例，從而減少兩國間的相互猜疑，拓寬雙方共同的利益空間。台灣問題上，美國應繼續實行「雙重節制」和「雙重保證」的政策，前者指「遏制中國的武力威脅，反對台獨行為」，後者指美國一方面要承諾不會謀求台灣脫離大陸，以安撫中國，一方面要告訴台灣，美國不會向其施壓與大陸談判達成最後決議。值得注意的是，報告一改過去美國制式「不支持（do not support）台獨」的說法，改用「反對（oppose）台獨」。中日關係上，美國希望中日之間建立合作關係，如此才符合美國利益。

　　報告結論指出，美國最好的策略是進一步將中國納入全球體系，從而使中國的行為符合美國利益和國際準則，為促成美中密切、坦率和合作的關係，美國應向中國傳達一個積極的訊息，即美方希望從防核擴和全球環保等問題上先與中國合作，進而擴大合作面，以實現雙方的共同利益[93]。

　　而由前美國副國務卿阿米塔吉（Richard L.Armitage）與前國防部助理部長奈伊（Joseph S.Nye）所合撰的另一份研究報告則認為，

《重估中國崛起：世界不能不知的中國強權》（China:The Balance Sheet）（台北：聯經，2006.9），pp.192~197

[93] Dennis C.Blair, Carla A.Hills, "U.S.-China Relations: An Affirmative Agenda, A Responsible Course", (New York: CFR, 2007), pp.77~94

儘管中國大陸受限於國內許多問題，無法成為無負擔的直線成長，但中國只要增進政治自由、開放更透明的經濟機制、對自己人民與鄰邦做負責的協定，就能成為負責任的利害關係人[94]。

此外，由前國安會亞洲部門資深主任貝德（Jeffrey A.Bader）和前美國在台協會理事主席卜睿哲（Richard C.Bush）合撰的一份研究報告，則對有志競逐美國 2008 總統大選的候選人，提出整體「中國政策」的建議，呼籲下一屆的美國總統在面對「中國崛起」的挑戰時，應該繼續擁抱自尼克森總統以來，所運用的交往政策，新的總統候選人應該避免在競選語言上向中共說教（tendentious condemnations），反而應釋放出有意與中共領導人發展互信關係的訊息。具體而言，下一屆的美國總統在處理與中共互動的外交政策時，應把握下列原則：

（一）積極敦促中共領導人參與美國為首的西方大國陣營，共同處理關係國際和平與繁榮的重大議題，例如限制伊朗和北韓的核武發展等。

（二）鼓勵中國大陸的經濟改革，朝向更堅實的國際雙邊互惠貿易與投資互動關係前進。

（三）發展亞太地區的區域性安全合作架構，同時並要求中共保證不把美國排除在外。

（四）推動與中共的能源合作計劃。

---

[94] Richard L.Armitage, Joseph S.Nye, "The US-Japan Alliance: Getting Asia Right through 2020", (Washington, D.C.: CSIS, 2007.2) pp.3~12

（五）美國的總統候選人有必要瞭解，就有關人權的議題，美
　　　國應該以身作則並運用鼓勵的方式，與中共方面協商討
　　　論務實的策略，而不是運用指責或單邊施壓的方式處理。
（六）繼續鼓勵台海雙方創造互動對話的機會[95]。

　　具官方背景的美國學者認為，目前胡錦濤政權運用經濟環境的
改善，來發揮穩定政治社會基礎的功能，也積極利用其經濟資源與
影響力，做為推展其國際安全戰略的工具，而北京戰略規劃圈人士
亦規劃，未來二十年將是中國大陸重要的戰略機遇期，而這個機遇
期甚至還包括推動政治自由化和民主化的大工程，因此在未來二十
年，中國大陸與美國維持建設性合作關係，才是符合胡錦濤政權利
益的對美工作方針[96]。

　　中共不尋求與美爭霸，亦是美中未來「合作大於敵對」的重要
指標。跟中共總書記胡錦濤關係相當密切的原中共中央黨校常務副
校長鄭必堅 2005 年 11 月發表一篇文章，他強調「中國共產黨無意
於挑戰現存國際秩序，更不主張用暴烈的手段去打破它、顛覆它」、
「中共與蘇共之所以走了不同的道路，深刻的根源就在於歷史文化
傳統的不同」、「中國歷史文化傳統是和為貴、和而不同，是講信修
睦、善待鄰邦，是己所不欲、勿施於人」[97]。這篇文章被認為是對

---

[95] Jeffrey A.Bader, Richard C.Bush III, "Contending with the Rise of China", (Washington, D.C.: The Brookings Institution, 2007) pp.1~15

[96] Thomas J.Christensen, "PRC Security Relations with the United States: Why Things Are Going So Well", China Leadership Monitor, No.8, (Fall 2003) pp.1~9

[97] 鄭必堅，〈中國共產黨在 21 世紀的走向〉，《人民日報海外版》，2005.11.22. 第 11 版

佐立克「負責任合夥人」的正面回應[98]。復旦大學國際問題研究院副院長沈丁立更直言「美國衰弱並不一定是好事」，美國主導的國際體制若能有利於中國發展和世局穩定，也不失為一項好的「公共物品」[99]。中共戰略學界新的看法認為，根據歷史經驗，凡挑戰國際體系中最強的國家，最後都難逃厄運，反而是配合強權的國家有機會順勢而起。

　　從中共戰略界出現的言論與相關國際議題顯示，崛起的中共在一些和美國利益直接相關的重大國際問題上，陸續採取和美國配合的路線，再從綜合相關美國重量級智庫的研究意見，不外建議美國應積極協助中國融入國際社會、從現有合作基礎繼續擴大、拓展雙方共同利益，以便迎接美中全球夥伴關係，圍堵、牽制乃至敵視中國並非美國主流意見。

參、美中為台灣發生衝突可能之探究

　　前太平洋美軍司令布萊爾（Dennis Blair）曾明白表示，「除去台灣問題，美中之間沒有什麼真的軍事問題存在」[100]。根據《反分裂國家法》第八條的內容，顯示北京也認為現階段台海爆發軍事衝突

---

[98] 方德豪，〈胡錦濤內外新思維 鄭必堅投石問路〉，《亞洲時報在線》，2005.11.23 ， http://www.atchinese.com/index.php?option=com_content&task=view&id=10351&Itemid=28

[99] 沈丁立，〈美國衰落並不一定是好事〉，《學習時報》，2005.12.19，http://big5.china.com.cn/chinese/zhuanti/xxsb/1102047.htm

[100] 陳雅莉，〈中美軍方危險地缺少務實對話〉，《華盛頓觀察週刊》，2005 年第 2 期，2005.1.12，http://www.washingtonobserver.org/document.cfm?documentid=837&charid=2

的唯一原因，就是台灣走向法理台獨。美中會否因台灣而在台海一戰，就相關資料顯示，可能性並不高。

一、中共以武遏獨 但不願輕啓戰端

就戰略意義而言，台灣對中共的重要性有八項：

（一）台灣是最後一塊被外力控制的重要領土，必須回歸中國完成統一。

（二）台灣是中共統治全中國的最後一個障礙。

（三）台灣位居東西交通及金融樞紐。

（四）台灣控制西太平洋的主要航線。

（五）如落入敵人手中，台灣是攻擊中共最理想的基地。

（六）美國意圖利用台灣圍堵中共。

（七）台灣是有效防衛中國大陸東翼不可或缺的一環。

（八）台灣是未來中共遠洋海軍直通太平洋的唯一水道，沒有台灣，中共無法在太平洋地區投射軍力。

正因為台灣在戰略上對中共國家生存至為重要，如果必須阻止台灣獨立，中共極可能對台灣不惜一戰[101]。不過根據解密文獻資料顯示，中共經歷 1995、1996 台海危機後，內部已形成「對台不輕啟戰端」的共識。

---

[101] 馬丁‧拉薩特（Martin L. Lasater）、俞劍鴻（Peter Kien-hong Yu），《後鄧小平時期的台灣安全》（Taiwan's security in the Post-Deng Xiaoping Era），pp.9~10

　　研究資料顯示，1995 年 7 月到 1996 年 3 月的台海危機，是共軍強硬派試圖利用台海緊張，以強化軍方政治地位及鼓舞內部士氣，江澤民為緩和內部情勢，不得不迎合軍方強硬路線。演習後共軍強硬派終於認清，台海情勢之複雜，遠非軍事手段所能解決[102]。

　　中共中央軍委於 1996 年台海危機結束後展開檢討，並在共軍高層中形成共識，共軍在台認為「台灣問題」短期內難以解決，以致要做長期鬥爭的準備，這段期間應集中力量搞好經濟與國防建設，使大陸具備絕對優勢力量。因此今後對台重點應在「增加兩岸經貿往來，鼓勵台商到大陸投資、增加兩岸人員互訪，鼓勵交流、在適當時機進行兩會（海基、海協）復談，但不進行高層接觸」，在無絕對把握下，不可貿然犯台。至於國際形勢上，要緩和與美關係，但在主權問題上要敢於和美方鬥爭，對西方國家則採分化策略，包括全方位加強與俄羅斯關係、拉攏德法等歐盟國家，並爭取與日本改善關係，形成對美箝制[103]。可以說，經歷 1996 台海危機後，共軍的態度是一方面不願輕啟戰端，另一方面則加強遏止台獨的軍事準備工作。

　　國內研究認為，表面上，台北、北京、華府三方都有意維持現狀，但問題在於三方對「台海現狀」有各自不同詮釋。北京堅持一中原則，把台灣視為中國一部分，並全力圍堵台灣在國際上以主權國家身分出現；台北則將台灣視為主權獨立國家，要求透過公民投票等方式進一步確立主權國家地位；至於華府所認定的台海現狀，則強調兩岸的歧見與爭議，須透過和平方式解決，台海地區必須保

---

[102] 亓樂義，《捍衛行動──1996 台海飛彈危機風雲錄》（台北：黎明文化，2006），p.255

[103] 亓樂義，《捍衛行動──1996 台海飛彈危機風雲錄》，pp.252~254

持和平穩定。三方對台海現狀解讀不同，且此項認知差距又明顯在台灣內部政治角力中發酵，導致台海地區潛藏緊張因素[104]。不過共軍加速提升其高科技作戰能力的動作，並不是意味其將立即對台灣採取軍事行動，主要目的還是為準備與美國競逐亞太利益[105]，而如何遏止台獨以及阻斷台海衝突時介入的美軍，就成為中共軍事準備的重點。

分析認為，中共目前之所以不對台動武，可能顧慮的原因包括：

（一）共軍可能仍不敵屆時介入戰場的美軍。

（二）台灣軍力在反潛、電戰乃至部分海空機艦性能目前仍占一定的質量優勢。

（三）不願嚴重破壞台灣經濟。

（四）不願造成台灣大量死傷以免增加日後統治上的困難。

（五）攻台打亂亞太秩序將引發國際制裁，若不能速戰速決，久拖必生變[106]。

前國防部副部長林中斌認為，中共一旦全面武力攻台，破壞台灣基礎建設，將減少北京的經濟收成，也將平添北京統一後統治台灣的難度，因此傾向以最少的武力用於統一台灣[107]。北京主要目標是以武力為後盾，迫使台灣上談判桌[108]。因此現階段，在國際因素

---

[104] 曾復生，《中美台戰略趨勢備忘錄第二輯》，p.225

[105] 曾復生，《中美台戰略趨勢備忘錄第一輯》（台北：秀威資訊，2004），p.29

[106] 廖文中主編，《中共軍事研究論文集》（台北：中共研究，2001）pp.311~314

[107] Chong-Pin Lin, "The Power of Projection Capabilities of the People's Liberation Army", Chinese Military Modernization, (WashingtonD.C.: AEI, 1996), pp.111~112

[108] Chong-Pin Lin, "The Military Balance in the Taiwan Straits", China Quarterly,

（美國）的制約下，中共最可能的作法是以「非戰爭軍事行動」的形式，包括適當的軍事威懾，以取得階段性的政治利益[109]。

二、共軍現代化增加美國武力介入台海的難度

　　儘管美國一再聲稱，若中共無端對台動武，美軍絕對介入台海，但筆者認為，美中在台海一戰的可能性微乎其微，除前述兩國均願擴大共同利益面、中共不願在台海就台獨以外問題輕啟戰端外，另外一個重要原因在於美國相信中共確實致力和平統一，不致貿然動武，而隨中共提升軍事現代化，美國以武力介入台海難度日高。

　　美國國防部在其 2006 年的「中國軍力報告」中一方面說明中共近年軍事現代化具體成果，擔心中共軍事現代化速度和規模將對美國構成重大威脅，但報告同時指出，隨綜合實力提升，北京認為統一已成趨勢所在，因此並不急統，北京的短程目標，只是避免台灣走向法理上的獨立[110]。美國國防情報局長梅波思（Michael D.Maples）則在國會聽證時指出，統一是中共的長程目標，中共的對台政策是「防止台獨」，只要台灣不採取進一步邁向獨立的行動，中共不會試圖武力統一[111]。美國新任國防部長蓋茲（Robert

---

(June, 1996), p.592

[109] 亓樂義，〈軍事威懾 對台改採非戰手段〉，《中國時報》，2006.1.2.A13 版

[110] "PRC Force Modernization and Security in the Taiwan Strait", Military Power of the People's Republic of China 2006, (Office of the Secretary of Defense, 2006), pp.37~41

[111] Michael D.Maples, "Current and Projected National Security Threats to the United States", Statement for the Record Senate Select Committee on Intelligence Committee, 2007.1.11，http://intelligence.senate.gov/070111/maples.pdf

M.Gates）在提名聽證會時也表示，他相信中共尋求的是和平統一，只是和平方式不成功，中共才考慮使用武力，中共建軍的短期目標，是要具備足夠的戰力，以快速削弱台灣的抵抗意志，並阻絕或遲滯外來的干預[112]。

此外，美國國會的「美中經濟暨安全審議委員會」（USCC）2006年11月發表一份年度報告，認為中共軍力現代化的速度超過美國預期，一旦台海出現危機或發生衝突，中共已有足夠的能力阻撓美軍成功介入[113]。委員會主席武爾茲（Larry M. Wortzel）也同時指出，因為共軍的投射能力愈來越遠，而電子戰力、飛彈、數據通訊、網路戰力、新戰機、新艦隻等軟硬體也不斷發展，使美國愈來愈難有效阻嚇中共[114]。蘭德公司也在2007年3月公布的一份報告指出，中共已具備阻擋美軍救援台灣的能力，如果中共軍事進犯台灣的初期，美軍軍力部署居於弱勢，將會造成台灣軍事抵抗的崩潰，在美軍全力出動前，台灣可能已經投降，美軍可能因此就不會持續這場軍事衝突。報告結論建議，美軍有能力對中共的阻擋措施進行反制，但是美軍即使在這個戰區增加部署兵力，目的是為了嚇阻，不是為了主動發起攻擊[115]。

---

[112] "Advance Policy Questions for Dr. Robert M. Gates", Nominee to be Secretary of Defense, 2006.12.5, http://armed-services.senate.gov/statemnt/2006/December/Gates%2012-05-06.pdf

[113] "2006 REPORT TO CONGRESS OF THE U.S.-CHINA ECONOMIC AND SECURITY REVIEW COMMISSION", 2006.11.16, http://www.uscc.gov/annual_report/2006/06_annual_report_contents.php

[114] "Statement of Chairman Larry M.Wortzel Release of 2006 Annual Report to Congress of the U.S.-China Economic and Security Review Commission", http://www.uscc.gov/annual_report/2006/statement_release.pdf

[115] Roger Cliff, Mark Burles, Michael S.Chase, Derek Eaton, Kevin L.Pollpeter,

　　美國認為，共軍積極發展遏制台獨的軍事準備及可能行動，包括：

（一）運用精準攻擊武器，直接摧毀高價值的政治和軍事指
　　　揮中心。

（二）訓練特種部隊，針對台灣關鍵性的政經軍目標，直接
　　　進行破壞。

（三）運用彈導飛彈和巡弋飛彈攻擊台灣的空軍基地和機場
　　　跑道。

（四）運用電磁脈衝武器、資訊戰，以及各項電子戰的機制，
　　　把台灣的指管通情作戰系統摧毀。

（五）封鎖左營、蘇澳、基隆、高雄等四大港口，切斷台灣
　　　本島的能源供應與生活資源。

（六）控制台灣海峽的制空權，把兩棲部隊和空降部隊投入
　　　台灣島內。

（七）在台灣四週海域建立潛艦防禦網，阻絕美國海軍接近
　　　台海地區。

（八）監控美軍在西太平洋的補給線。

（九）運用彈導飛彈及巡弋飛彈攻擊美國的航空母艦116。

　　北京通過反分裂法後，雖然推出一系列柔性惠台政策，但基於
本文前述所稱，北京日漸強大的軍力，是作為他非武力工具－外交、

Entering the Dragon's Lair: Chinese Antiaccess Strategies and Their Implications
for the United States, (Ithaca: RAND, 2007), pp.111~116

[116] David Shambaugh, "China's Military Modernization: Making Steady and
Surprising Progress", Strategic Asia 2005-06: Military Modernization in an Era
of Uncertainty, (Seattle&Washington, D.C.: NBR, 2005), pp68~69

經濟、文化的後盾，因此中共對軍事現代化這項「硬的一手」準備工作，並未放鬆。反分裂法通過後中共的「武備」作為，請參下頁表 5-7。

表 5-7　反分裂法通過後中共的「武備」作為

項次	時間	軍事作為或軍事方針
一	2005.8.25	中共藉與俄羅斯進行「和平使命－2005」聯合軍事演習之際，演練空中預警指揮、提供遠程奔襲機隊的空中加油、空降、機降作戰等針對性項目。（中國時報，2005.8.26.A13）
二	2006.1.19	中華民國國防部首度公開過去被視為極機密的共軍衛星偵照圖，包含在遼寧大連港的「瓦雅格號」航空母艦整修照片、廣西雜容部署的巡弋飛彈和共軍登陸艦在南沙群島進出構工，以及模擬攻擊台灣機場和東引外島等軍演衛照。（中國時報，2006.1.20.A3）
三	2006.9.25	美國國防新聞週刊指出，中共曾對飛越其領空的美國間諜衛星發射強力雷射波，顯示中共正測試其阻擾太空飛行體的能力。（中央社，2006.9.26）
四	2006.10.3	國內學者廖文中在軍方所辦的研討會中指出，中共將在 2010 年前添置海上運載的各型兩棲登陸艦艇，包括自建的氣墊船、雙艟體登陸艦、自俄羅斯進口的大型快速氣墊登陸艇等。目前中共海軍巳裝備六艘大型兩棲攻擊艦，大型地效飛行器也陸續進行研製，部分並已配發部隊參與演訓。中共空軍現役的 IL-76MD 軍用型運輸機，至 2010 年以後可能增至 50 架以上，顯見中共逐漸增強對台實施大規模海、空突襲作戰能力。（軍聞社，2006.10.3）
五	2006.10	美國媒體批露，一艘中共宋級潛艦 2006 年 10 月在太平洋海域追蹤美國小鷹號航母戰鬥群，直到小鷹號進入潛艦魚雷及導彈射程之內時，該潛艦才浮出水面被美軍發現。（中國時報，2006.11.14.A13）
六	2006.12.27	中共國家主席胡錦濤在會見解放軍海軍第 10 次黨代會代表時強調，要按照革命化現代化正規化相統一的原則，鍛造適應歷史使命要求的強大人民海軍。（新華網）
七	2006.12.29	中共官方首度證實，中共自行研製的殲 10 戰機正式列裝空軍航空兵。（新華網）
八	2007.1.11	美國媒體披露，中共在 2007 年 1 月 11 日在西昌衛星發射中心，試射一枚中程彈道導彈，成功摧毀中共在太空一顆即將報廢的氣象衛星。（中國時報，2007.1.20.A17）
九	2007.1.23	台灣國防部舉行記者會宣稱，中共對台部署彈道飛彈數量每年以 50 枚速度增加，並精進彈頭效能，已自 1996 年的 190 餘枚，增至目前的八百八十餘枚戰術彈道飛彈，此外另有百餘枚的巡弋飛彈，射程完全涵蓋台灣全島。（中央社，2007.1.23）

資料來源：本研究整理（中國時報、新華網、中央社、軍聞社）

三、亞太不樂見美中衝突 美無意在台海與中一戰

　　另一個制約美中在台海發生衝突的因素是亞太國家的態度及美國是否有在台海與中共一戰的意願。

　　亞太國家認為台海若爆發衝突雖屬嚴重危機，但那是美國的問題，亞太國家希望美國設法讓衝突不要發生，若美國欲在台海與中共進行軍事作戰，亞太國家多不希望美國要求他們參與其事，更不希望美國要求他們提供支援，多數亞太國家相關領域學者甚至認為，台海問題唯一解決之道，是兩岸的「統合」[117]。

　　亞太地區主要國家對美中互動，呈現出四項主要態度趨勢：

（一）亞太國家瞭解到中共在亞洲的行為，不論是在區域安全和經濟發展上，都具有重大影響力。

（二）亞太區域內，日、俄、印、巴均有國內政經問題羈絆，美國也有中東僵局待收拾，使中共得以趁機發揮其在亞太的影響力。

（三）目前大多數亞太國家都希望與中共進行正面的建設性互動，並加強在經貿上的合作，不過卻對中國傳統的政治與文化上的威權顯露一定程序的焦慮，多數亞太國家也希望美國繼續在亞洲發揮影響力，以平衡中共的力量。

（四）現階段，亞太國家最不願面對的難題，就是當美中爆發激烈衝突時，必須被迫選邊站，因此亞太國家都希望美

---

[117] 《中共崛起構成的挑戰：亞洲觀點》（Asian Perspectives on the Challenges of China），（台北：國防部史政編譯局，2001.11），摘要 pp.Ⅵ~Ⅶ

中之間，能維持一種穩定、一致、可預測的互動關係[118]。
因此，隨著中共與亞太國家逐年提升的經貿發展，亞太
國家將不樂見中共與美國為台灣發生衝突，中共的經貿
實力已迫使美國在台海地區的軍事運用，比過去更為複
雜且困難[119]。

　　美軍是否有與中共在台海一戰的意願，或許可從 1996 台海危機
時的美國處理態度找到答案。根據當時白宮國安會議亞洲主任蘇葆
立（Robert Suettinger）表示，1996 年 3 月初台海危機之前，美國國
防部為總統柯林頓作一場美國緊急應變方案簡報，指出台海危機各
種假設狀況，可一直升高到核子戰爭，柯林頓聽後「沈默不語，神
色凝重」（silent and somber），最後柯林頓作出結論，認為美國必得
盡全力避免這種情形（與中核戰）發生（We've got to do all we can to
avoid this）[120]。此外，前太平洋美軍司令法隆曾公開指出，美國的
一貫立場是鼓勵兩岸對話，萬一台灣遭到武力侵犯，美國有義務協
防台灣，但是美國衷心希望這種事不要發生[121]。

---

[118] Robert Sutter, "Hearing on China's Role in the World: Is China a Responsible Stakeholder? ", US-China Economic and Security Review Commission, 2006.8.3, http://www.uscc.gov/hearings/2006hearings/written_testimonies/06_08_3_4wrts/ 06_08_3_4_sutter_robert_statement.pdf

[119] Michael R.Chambers, "Rising China: The Search for Power and Plenty", Strategic Asia 2006-07: Trade, Interdependence, andSecurity, (Seattle&Washington, D.C.: NBR, 2006), pp.65~109

[120] Robert Suettinger, "Crisis over Taiwan, 1995-96", Beyond Tiananmen: The Polictics of US-China Relations, 1989-2000, (Washington, D.C.: Brookings Institution Press, 2003), pp.250~251

[121] 劉屏，〈太平洋美軍司令法倫：美有義務協防台灣　但最好別發生〉，《中國時

2001 年 12 月，蘭德公司發表一篇研究報告，認為美國固然應繼續與台灣保持軍事合作，但台美軍事合作也可能為台海增添新變數。報告最後建議美國政府對台海議題，應採下列政策立場：

（一）美國應讓台北了解，美國的立場是當中共無端的攻擊台灣（unprovoked attack），美國才會介入，以避免台灣吃定美國一定軍事介入而有所冒進。

（二）美國應繼續維持「一個中國政策」，至於是否協防台灣，應繼續保持模糊策略，不應把台灣當成美國的安全防衛夥伴。

（三）美國也應清楚告知北京，如果中共無端以武力犯台，美國將會有軍事上的反應，美國也應同時告知台北，任何片面尋求台灣獨立的行為，美國將會制止，因為美國支持台灣的民主發展，並不等於支持台灣獨立[122]。

從美國因應 1996 台海危機，最後只派了兩個航艦戰鬥群在台海週邊警戒，未升高與中共衝突，以及美國有條件介入台海衝突，並對是否協防台灣持續保持戰略模糊、不敢將台灣當成美國防衛夥伴，再到美軍高層的發言，美軍是否有決心與中共在台海一戰，答案已見端倪。

報》，2006.3.11.A12 版

[122] Michael D. Swaine, James C. Mulvenon, Tawian's Foreign and Defense Policies: Features and Determinants, (Ithaca: RAND, 2001), Summry, pp.8~10

肆、中共以反分裂法建構聯美反台獨統一戰線

台灣問題在美中兩國的國家利益處於不同位置[123]，提供中共營造「聯美制台獨」統一戰線的空間。

胡錦濤在 2004 年 11 月的 APEC 領導人非正式會議期間會見美國總統布希，首度提出「中美雙方都應站在這個戰略高度來認識"台獨"的危害，共同遏制「台獨」勢力的分裂活動」[124]，後又在 2005 年 9 月與布希會晤時，表明「希望美方同中方一道為維護台海和平穩定、反對「台獨」作出積極努力」[125]，隨後，胡錦濤在包括 2006 年訪美等多項公開場合，都曾提及此一立場。雖然美國總統布希每次都沒有當面具體回應胡錦濤的訴求，但在台海議題方面，布希說「美國與中共的關係是協助解決兩岸的問題，維持區域穩定、確保和平解決這項議題」[126]，在邏輯上，布胡兩人的說法有一定程度聯結。

隨著美中互動日益密切，美國開始思考，面對綜合實力日益在亞洲地區崛起的中共，有必要規劃一整套細緻務實的戰略架構，創造美國與中共在亞太地區「可管理的競爭」（Managed Competition）

---

[123] 根據美國國家利益委員會（The Commission on America's National Interests）2000 年 7 月發表的《美國國家利益》（America's National Interests）報告，在東亞議題上，「與中國建立建設性關係」是美國東亞議題的核心利益（vital interests），位階高於非常重要利益（extremely important interests）的「維持台海安全」；另根據本論文前面分析，台灣問題被北京視為國家核心利益。

[124] 〈胡錦濤主席會見美國總統布希〉，《新華網》，2004.11.20，http://news. xinhuanet.com/world/2004-11/20/content_2241550.htm

[125] 〈胡錦濤與布希共同會見記者〉，《新華網》，2005.9.14，http://news. xinhuanet.com/world/2005-09/14/content_3488699.htm

[126] "President's Press Conference", For Immediate Release, Office of the Press Secretary, 2005.5.31, http://www.whitehouse.gov/news/releases/2005/05/20050531 .html

環境，美國為鞏固其在亞太地區的戰略優勢與長期享有的經貿利益，有必要積極鼓勵中共，成為促進區域和平穩定的貢獻者，並接受中共將在亞太地區擁有更多政治、經濟，甚至軍事發言權的趨勢。而隨台海兩岸經貿互動和人員往來質量出現顯著提升之際，美國與中共有必要針對「如何避免台海地區爆發軍事衝突」的議題，建立明確的「防範危機預警機制」，其中即包括美國在支持台灣繼續擁有安全繁榮，以及政治經濟自主性的同時，避免製造鼓勵台灣獨立的訊息[127]。

其次，隨著近年來美中在多項國際性議題互動具體展現出「建設性的合作關係」，美中就有關台海穩定議題，也逐漸發展出新的戰略架構，讓華府與北京能降低引爆衝突的風險，從而讓美中雙方在其他國際議題上獲得具體成果。美方認為，北京與華府在共同處理反恐與北韓核武危機過程中，已逐步培養出理性合作的默契。儘管也有人質疑，隨反恐與朝核問題等危機逐漸化除，美中面對爭議性本質議題時，能否再相互配合不無疑問，但只要中共繼續在更多國際議題上扮演協助美國及貢獻者的角色，美國也應會樂於繼續配合北京的態度，維持台海現狀[128]。

至於中共方面，北京認為，現階段美國與中共間存在多項建設性合作項目，一同合作遏制台獨、防範台海因台獨問題而爆發軍事衝突，北京與華府擁有共同利益。因此中共的邏輯是，中共明確其

---

[127] Robert S, Ross, "A realist policy for managing Us-Chna Competition", Policy Analysis Brief, http://www.stanleyfoundation.org/publications/pab/pab05china .pdf

[128] Thomas J.Christensen&Michael A.Glosny," Sources of stability in Us-China security relations", Strategic Asia 2003-04: Fragility and Crisis, (Seattle&Washington, D.C.: NBR, 2003), pp.57~58

武力必然用於遏制台灣獨立的分裂國家行為，而統一仍為和平方式，美國明確其軍事介入只限於中共用武力手段統一，當台灣獨立時，美國不介入台海軍事衝突。透過美中間對台獨立場的「雙方明確」，將中共對台獨動武，與美國軍事介入台海衝突做區隔。因此，制訂反分裂法將足以保證台灣不敢「搞分裂國家的台獨」，也就能避免美中間潛在的軍事衝突，對雙方而言都有利。中共的策略思維就是要建立與美國的「統一戰線」，美中共同遏獨，避免美中因台海問題妨礙雙邊建設性合作關係的發展[129]。大陸學界認為，支持台灣獨立並非美國根本利益，也不是美國的戰略目標，但維持主權與領土完整則是中國根本利益，因此，維持兩岸關係穩定、實現台灣問題和平解決，是中美共同安全利益之所在[130]。

國內戰略學界則認為，胡錦濤的用意並非同意美國以軍力介入此區衝突，而是要求美方在政策上防止此區衝突的發生，因為依照北京的想法，台海地區會發生衝突，將是台灣推動台獨所致，北京用意在於推動「聯美制台」策略[131]。

反分裂法通過後的美中關係，並未因為該法的制訂造成雙邊緊張，兩國政治關係交往反而更加頻密。如美國國務卿賴斯 2005 年仍訪問北京兩次、2005 年 6 月間美國眾議院成立「中國連線」，8 月間華府與北京展開定期戰略對話、9 月間中共國家主席胡錦濤訪美，

---

[129] 閻學通，〈中國不惜一切代價遏制台獨的政策來源〉，《中國戰略》第三期（紐約：多維媒體&美國戰略和國際研究中心 CSIS 共同出版，2004.7.20）p.41

[130] 倪世雄、王義桅主編，《中美國家利益比較》，p.56

[131] 王高成，〈2005 年之美中台關係的檢視與展望〉，《世界格局與兩岸關係：和平與發展的展望》（台北：時英，2006）p.11

並與美國總統布希會面[132]。反而台美關係近年隨軍購案延宕及台灣頻拋衝擊性議題而迭受損傷。

若台灣未來仍繼續採用民進黨政府一系統衝撞台海和平的作法，筆者認為，「美中共管台海」的態勢只會更穩固。

小結

根據美國重要智庫的歸納，整體而言，中共的國家安全戰略是：

一、致力維持與美國和其他發達國家的和緩友善關係，並強調一個崛起的中國大陸是亞洲穩定的力量。

二、致力降低大陸可能遭受的威脅，並逐步增加軍事能力，做為外交與政治運用的籌碼，同時也儘量避免引起鄰國對中共軍力擴張的疑慮。

三、避免使用武力手段做為解決領土爭議的方法，倡導睦鄰政策以減少阻力，並至少維持到大陸實力足以主導全局為止。

四、對參與國際組織上，北京則以個案方式處理，分別就經貿、技術轉移、軍備控制、環保衛生等議題，凡對北京有利者，採合作立場，若有違北京利益，則堅持繼續協商的態度，以維其戰略優勢的地位[133]。

---

[132] 尤本立，〈小布希第二任政府之兩岸政策格局及其未來〉，《2006 年台灣與世界關係》（台北：淡大國際研究學院、時英出版社，2006），pp.68~pp.69

[133] Michael D.Swaine, Ashley J.Tellis, Interpreting China's Grand Strategy: Past, Present, and Future, (Ithaca RAND, 2000), pp.234~245

　　21 世紀美國政策的終極目標是確保全球和平，由於世界政治已發生國際體系結構的改變，美國可以藉由協助建立一個統治菁英滿意與接受既有國際安全、經濟與政治結構及規範的中國，以加強全球和平。解決美中雙方有關台灣的爭議，則是建立一個穩定國際規範的前提條件，而和平解決台灣問題也將會增加中共在當前國際規則內成為全球角色的機會，大步邁向與國際整合[134]。中共戰略學界亦認為，在相當長的時間內，中國崛起對美國的機制霸權、經濟霸權、政治和意識形態霸權、軍事霸權都不構成嚴重挑戰。在美國構築的全球霸權體系下，中國也還有相當大的崛起空間。中美領導人都認識到兩國相互對抗的危害性，因此中美關係有望繼續維持穩定，並逐漸建立起更為穩定的戰略框架[135]。

　　據此以觀，只要美中間繼續保持化異求同的合作態勢，中共以《反分裂國家法》制約台海問題就有很大的操作空間。第一、利用畫紅線的方式避免台海情勢因台獨發生衝突，北京就可致力國家建設，隨國力提升自然解決台灣問題，同時也奪回台海現狀解釋主導權，不再因台灣頻拋敏感議題疲於應付；第二、透過交流拉住台灣，減緩台灣繼續朝獨的方向滑動，以時間換取台灣內部兩岸認知質變，營造有利統一的氣氛；第三、藉著《反分裂國家法》做出符合國際對台海立場原則與現狀的邏輯論述，加強與美國乃至國際建立「反台獨統一戰線」，全方位「經外制台」，一方面昭告自身行為準

---

[134] Jacek Kugler、向駿、王高成等，《2050 中國第一？權力轉移理論下的美中台關係之迷思》，（台北：博揚文化，2006.6）pp.25~30

[135] 王緝思，〈美國霸權與中國崛起〉，《中國國關在線》，http://www.irchina.org/news/view.asp?id=1077

則，型塑北京「講道理、講法治」的形象[136]、提升北京在國際間「負責任」的印象，另一方面可收經略台海事半功倍之效。對於《反分裂國家法》三大戰略意涵，台灣若不能真正察覺因應，繼續做個「井底之蛙」，兩岸競合賽局的最終結果，答案已漸分明。

---

[136] 李家泉，〈對制訂國家統一法的看法〉，《大公網》，2004.5.25，http://www.takungpao.com/news/2004-5-25/TA-264319.htm

第六章

結　論

本研究為探討中共制訂《反分裂國家法》的戰略意涵，從台灣對兩岸關係定位的轉變導致台海情勢發生結構性變化、大陸內部立法緣起、中共第四代領導人對台政策思維切入，檢視反分裂法內容、各方反應，並從中共國家戰略角度與美中共同利益面分析，歸納出研究發現。雖然有的礙於可資印證的事實不足，有的則有賴時間證明，但仍舊具有預判分析的價值，並可為後續相關研究提供引路角色。

第一節　研究發現

　　目前國內無論是官方宣傳或是一般對反分裂法主流觀感，仍大多著眼於該法造成台灣的威脅原因是「戰爭授權法」、「中共片面升高台海緊張」等，反之，中共藉反分裂法「依法對台交流」可能造成台灣內部的質變、藉反分裂法聯美管台海的效應，國內卻仍似未見嚴重性。以下研究發現事項，可提供一個不同的觀察印象及思考空間。

壹、反分裂法符合薄富爾總體戰略論　利多於弊

　　以薄富爾的「總體戰略」觀念檢視，中共制訂《反分裂國家法》後，對台海現狀描述與國際主流立場拉近，利用「確保海峽穩定」及「保障台灣平民及外國人權益」，賦予「非和平」的正當性與合理性，以藉此取得台海議題主導權，符合戰略思想上「行動的自由」。而利用反分裂法營造與美國共同遏制台獨、限制內部鷹派不隨台獨聲浪起舞，以繼續其國家發展，則符合戰略思想上「力量的節約」。反分裂法一方面以非和平手段的軍事威懾，做為消極的確保台海現狀，一方面以和平促統與交流接觸等直接、間接手段，積極營造有利統一的氛圍，在戰略上兼具嚇阻與行動雙重戰略效果。據此以觀，則整個反分裂法立法的戰略意涵，完全能以薄氏的「總體戰略」來詮釋。並可圖解如下頁圖 6-1：

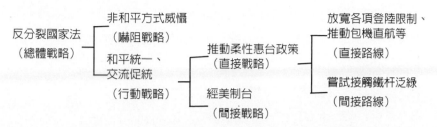

圖 6-1　反分裂法的戰略架構圖，本研究整理

　　筆者認為，若把《反分裂國家法》看成是一項對台總體戰略，利用第八條做為軍事威懾，符合嚇阻戰略；利用第五、第六條促進交流以營造利於統一的基礎，則是行動戰略。再進一步看，筆者認為，中共是以檯面上的推動兩岸交流及各項柔性惠台措施做為直接戰略與直接路線；以檯面下的經美制台、接觸鐵桿泛綠做為間接戰略與間接路線。

　　至於中共制訂《反分裂國家法》對中共自身的得與失，可參閱下面表 6-1。

表 6-1　中共訂反分裂法對其利弊分析

	利	弊
台灣內部對北京觀感		V
遭美國藉機施壓歐盟暫緩解除武禁		V
掌握台海議題主導權，確保國家發展腳步不被打亂	V	
限縮中共鷹派動武，增加文人領袖處理空間	V	
營造聯美「反台獨」統一戰線	V	
昭告行為準則、型塑法治形象	V	
對台、美法律戰依據	V	

資料來源：本研究整理

　　本研究發現，中共制訂《反分裂國家法》，可收掌握台海議題主導權、營造聯美遏獨的統一戰線等五項正面效益，到目前為止，負面效益也僅只台灣人民對《反分裂國家法》的反感，以及歐盟解除對華武禁期程延宕兩項。整體而言是「利多於弊」。

貳、反分裂法對台正面意涵應被重視

　　本研究第三章曾指出，《反分裂國家法》十條條文，除第十條的制式用語外，其餘九條在內容中，均可找出對台有利的正面意涵，且正面意涵內容多於負面意涵。其中，北京默認兩岸未統一現狀、北京不但將兩岸現狀表述更貼近過去台北立場，且明文予以法律化、北京增加對台動武緩衝機制等三項，筆者認為尤應被重視。所謂事大國以智，縱然反分裂法中仍有對台不友善的負面意涵，但台灣應將之當作一種必須扭轉或試圖削弱的挑戰，意氣用事地去強化不友善，無助解決問題，反失去藉力扭轉的契機。

參、反分裂法聯美穩台海　減輕北京單獨處理台海危機的風險

　　根據鄧小平等歷來中共領導人的談話，可發現北京的國家利益與戰略規劃上，國家「統一」的重要性雖不比「發展」低，但中共已很務實地訂出「先發展、後統一」的先後次序。根據中共曾公開發表的對台動武時機[1]、美國政策宣示及智庫研究，均透露一重要訊

---

[1]　根據中共 2000 年所發布《一個中國原則與台灣問題》白皮書內容，中共不承諾對台放棄使用武力，是針對「製造台灣獨立的圖謀和干涉中國統一的外

息—即除非台灣出現具體的法理台獨作為,否則現階段中共並無在
台海發動戰爭的意願。若再從台灣拋出「終統」、「四要一沒有」、「第
二共和憲草」等議題,均未造成台海情勢緊張此一現象檢視,吾人
可知,中共藉反分裂法劃出台獨紅線、聯美遏獨並擴大經外制台後,
中共升高台海衝突、輕啟台海戰端的風險確實已降低,反而凸顯台
灣是台海「麻煩製造者」的形象。而從終統、四要、機構正名等事
件,可看出華府已取代北京,成為台灣拋出衝擊性議題時的第一線
滅火者。

肆、反分裂法有助中共藉此形塑負責夥伴印象

從相關文獻可看出,美國無意與中共在台海一戰,加上美中彼
此化異求同、尋求合作的戰略路線已成主流,而和平解決台灣問題
也將會增加中共在當前國際規則內成為全球角色的機會。經由中共
的形塑,目前美、日都相信「除非台灣片面宣佈獨立,否則中國的
政策是以和平方式解決台灣問題」[2],吾人應觀察並警覺到,中共營

國勢力」,是為爭取實現和平統一提供必要的保障。採用武力的方式,將是
最後不得已而被迫作出的選擇。中共並明訂「如果出現台灣被以任何名義從
中國分割出去的重大事變、如果出現外國侵佔台灣、如果台灣當局無限期地
拒絕通過談判和平解決兩岸統一問題」三種情況,得被迫採取一切可能的斷
然措施、包括使用武力來制止

[2] 日本防衛大臣久間章生於 2007 年 5 月參加完美日「二加二」安保諮商對話
後,在華府智庫傳統基金會回答有關台海潛在風險的提問時,引用溫家寶在
日本的談話,「溫家寶說,除非台灣片面宣佈獨立,否則中國的政策是以和
平方式解決台灣問題。我相信這也是美國的立場,日本也同意美國這個立
場」。他並表示,如果台海爭端威脅到日本,日本將依法回應;「但如果情況
並不影響日本的和平與安全,我很難想像日本如何直接涉入」

造聯美遏獨的統一戰線，可藉機強化與美國的夥伴關係，擴大經外制台，另一方面也可加強自身「負責任利害關係人」的形象，若台灣續走衝撞路線，將形同自己邊緣化自己的自我毀滅。

伍、反分裂法提供中共更靈活手段　和平演變台灣

中共反分裂法的另一精髓，應在於藉以限縮軍方動武空間、強化依法涉台及對台交流，促成台灣內部質變，隨著國力提升，北京認為時間是站在他們一方，也就更有自信放手對台交流，連「鐵桿台獨」都應做為交流對象。相信在十年前，台灣很少人會將中國大陸當作「心儀國家」，但現今已證明，台灣絕大多數的貿易獲利是來自中國大陸、到對岸求學、定居的人數也越來越多。如果說過去台灣希望以自身的民主與經貿成就促使中國大陸和平演變，則現階段無異主客異位，台灣因政治意識型態導致內耗及實力衰弱，反給予中共「和平演變」台灣的機會。

陸、台灣主體意識不必然對兩岸和平構成挑戰

2007 年五月，立場偏統的國民黨決定修改黨章，加入「堅定以台灣為主」等文字，並將部分黨章條文中的「統一」字眼改以「和平發展」代替[3]，代表台灣主體意識今後將更加成為台灣主流。此外，

---

[3] 〈針對媒體報導黨章修正草案「去統加台灣」聲明〉，《新聞稿》，中國國民黨全球資訊網，2007.5.25，http://www.kmt.org.tw/category_3/category3_1_n.asp?sn=555

有人分析指出，由民進黨政府開始出現修正兩岸經貿上的立場，具有一重要象徵意義：即新一代的台獨運動，已從傳統的台獨運動中分枝成長。舊一代台獨訴求，主要是追求形式上獨立、要求更改國號、要求反中、要阻止兩岸經貿交流等；而新一代台獨所追求的，則是實質上的獨立，他們拒絕跟中國大陸作任何主權上的統一，但經濟上的共同體和合作並不包括在內，對國號上的更改，對美日等國的態度，也跟老一輩不同[4]。

　　本文第五章第二節已分析，隨著中共綜合國力提升，台灣泛綠對兩岸態度也出現微妙變化，具體例證包括前總統李登輝、民進黨內後陳水扁時代的天王如蘇貞昌、謝長廷等相關談話。自 2007 年 5 月，謝長廷在民進黨黨內總統初選中勝出後，陳水扁政府發表期待陸客來台、貨運包機可以在今年實施、奧運聖火以「城市對城市」的概念解套等談話，已被大陸學界視為一新的觀察點。此外，大陸學界認為，無論是謝長廷還是馬英九這兩個其中將有一人成為台灣 2008 年總統的人選，都是以現階段的「法理」來維持現階段的「現狀」，差別只在於一是站在中間偏「獨」的立場，一是站在中間偏「統」的立場，但兩人的另一個相同點，是兩人都沒有提出「終統」或「終獨」的未來式問題[5]，研判兩岸前景短期雖不致出現根本性變化，但也不致回到陳水扁主政時代的反覆及衝撞。

---

[4]　方德豪，〈蔡英文李登輝分道揚鑣：新一代台獨運動漸具雛型〉，《亞週時報在線》，2006.8.1，http://www.atchinese.com/index.php?option=com_content&task=view&id=19963&Itemid=110

[5]　朱建陵，〈挺馬較保險　對謝有期待〉，《中國時報》，2007.5.14.A13 版

筆者認為，台灣人民對台灣自主尊嚴的期待，將使「台灣主體意識」繼續成為主流，但隨著中共綜合國力提升與持續對台交流，台灣內部急獨聲浪將趨緩，藍綠均走向台灣主體意識之餘，在統獨光譜上也都將向中間修正。「台灣主體意識」與「兩岸和平」可望磨合共融。

關於台灣未來的兩岸政策，筆者也認為藍綠都將微調。泛藍部分，儘管不致於再將《國統綱領》搬上檯面，但《國統綱領》的憲法一中、促進兩岸交流、以進程代替時間表的精神，將為國民黨所重新倚重並遵循。泛綠部分則會走向「重經濟、輕政治」，以強調台灣事實獨立代替法理台獨降低兩岸衝突，藉以從兩岸經貿往來中獲利。

柒、兩岸互動可望有新局

筆者認為，隨中共綜合國力提升與反分裂法的制約，在 2020 年以前（即北京所謂 21 世紀頭 20 年的戰略機遇期內），兩岸局勢不致發生嚴重倒退，若能重拾和緩良性互動，甚至不排除兩岸能就撤除飛彈、台灣國際空間等議題取得若干突破。

若 2008 年改由國民黨執政，基於馬英九和胡錦濤都不是典型的國民黨以及共產黨員，對於馬、胡兩人，不能以傳統的國民黨或共產黨來看待，他們可能會有新的做法。若仍由民進黨繼續執政，根據本文前述研究，北京既已嘗試接觸民進黨政府，代表北京認為完全不跟民進黨政府接觸，不利終極的統一大業。而標榜「和解共生」、「暫維持憲法一中」的謝長廷，也被中共賦予某種程度的期待，在

此趨勢下，民進黨可能也須自我調整，以便在新的環境下繼續運作。本文引用相關資料，說明兩岸在 2020 年以前可能出現下述互動：

（一）兩岸展開三通，帶動台灣旅遊、醫療、養生和美容工業的蓬勃發展。

（二）台北會更重視實質而非爭取名分的象徵性外交。

（三）若台灣回到憲法一中框架下與大陸重啟協商，不排除中共可能減少對台部署的短程彈道飛彈數量。

（四）蓬勃的文化產業（如電影、中醫、孔學等）在大陸興起，而台灣將扮演重要的催化劑角色[6]。

此外，前國防部副部長林中斌認為，隨胡錦濤地位鞏固，大陸正視「兩岸分治」的潛流可能浮出。目前大陸已有更多半官方的學者研究「主權重疊論」（主權可以重疊不可分割）、「中華合眾國」、前蘇聯、白俄羅斯、烏克蘭在聯合國的一國三席等[7]。因此整體而言，兩岸互動未來出現新局的可能性值得期待。

第二節　建議事項

本文已分析《反分裂國家法》的重要戰略意涵，並提出研究發現，本節將提出筆者所認為的台灣因應之道，做為政策建議。

---

[6] 林中斌，〈馬胡掌權 兩岸和解？〉，《財訊》第 292 期，2006.7，pp.106~107；
林中斌，〈中共嘗試面對民進黨政府〉，《財訊》第 300 期，2007.3，pp.166~167

[7] 林中斌，〈胡上江下 對台新局〉，《中國時報》，2005.3.1.A4 版

壹、台灣必須自覺正處歷史十字路口的處境

鄧小平曾說，「經濟發展了，我們實現統一的力量就不同了、實現祖國統一，歸根到底，都要求我們的經濟建設搞好」[8]。大陸學者胡鞍剛認為，兩岸關係發展「經濟會主導一切」，因為經濟發展會決定中國的未來，依照大陸的經濟走向，台灣當局阻擋不了兩岸一體化進程，改變不了歷史趨勢[9]。國台辦副主任孫亞夫 2007 年 1 月在美國明確表示，「中國解決所有問題都要靠發展，包括解決台灣問題，我們要進一步促進兩岸經濟的共同發展，在經濟發展這種力量所能達到的地方，形勢通常都會發生有利於兩岸關係發展的變化」[10]。中共已覺得隨其政經實力成長，時間對中國大陸更有利，北京對自己的信心就更堅定。就以《反分裂國家法》為例，當台灣內部還在為北京此舉到底是要威脅求戰還是想要穩定現狀爭論不休時，中共已然在搶佔戰略高度。

權力轉移理論大師庫格（Jacek Kugler）認為，在美中兩強競逐的亞太環境下，台灣就像二戰前夕的波蘭或冷戰期間的德國柏林，是測量美中關係的氣壓計。從全球與區域關係的結構改變，以及中國國力帶給國際體系的質變，兩岸「維持現狀」並不是一個長期方案，但「台灣獨立」的可能已隨美中之間相對國力變化而消失，台灣追求獨立將引發戰爭與長期衝突，因此未來最有可能的方案是台

---

[8]　鄧小平，〈目前的形勢和任務〉，《鄧小平文選第二卷》，p.240
[9]　陳東旭，〈胡鞍剛訪台：兩岸問題 經濟主導一切〉，《聯合報》，2005.6.6.A13 版
[10]　〈孫亞夫：法理台獨是兩岸和平穩定的最大威脅〉，《新華網》，2007.1.18，
　　http://news.xinhuanet.com/world/2007-01/18/content_5621892.htm

灣與中國的再統一，現在開始談判對台灣將會有較高的成功機會，以
便爭取像是維持較獨立的政治、經濟甚至軍隊體系等更多有利條件[11]。

　　此外，國內學者吳玉山曾研究前蘇聯與其加盟共和國之間的「抗
衡」與「扈從」關係，發現經濟發展程度對彼此之間產生決定性影
響，也就是當經濟發展程度高於莫斯科中央時，加盟國較採取與中
央抗衡政策，反之則多採扈從政策。而加盟國能否獲得足與莫斯科
抗衡的國際「外援」（尤其是美國），也對加盟國採取抗衡或扈從政
策產生重大影響[12]。若據此分析兩岸前途，一旦大陸經濟實力越來
越強，而台灣再受意識型態限制導致經濟發展停滯、台美互信關係
受損，則台灣未來朝向「扈從」中國大陸的情勢恐難避免。

貳、以憲法一中為基礎　開啓內部和解與兩岸協商

　　美國方面認為，面對中共崛起，台灣本身綜合實力卻不增反減，
原因包括：一、人民意志與士氣在面對中共心理戰所顯露的脆弱程
度；二、朝野政黨及政治精英對攸關自身國家共同利益的兩岸政策，
嚴重缺乏共識；三、台灣缺少促進經濟產業升級所需的基礎建設；
四、台灣的國防體系欠缺連貫性的戰略與政策[13]。

---

[11] Jacek Kugler、向駿、王高成等，《2050中國第一？權力轉移理論下的美中台關係之迷思》，pp.28~30

[12] 吳玉山，《抗衡或扈從——兩岸關係新詮釋：從前蘇聯看台灣與大陸間的關係》（台北：正中書局，1997），pp.213~217

[13] Denny Roy, "Taiwan's Threat Perceptions: The Enemy Within", Asia-Pacific Center for Security Studies, 2003.3, http://www.apcss.org/Publications/Ocasional%20Papers/OPTaiwanThreat.pdf

　　前白宮國家安全會議亞太事務資深主任葛林（Michael Green）則指出，台灣提出廢統、正明等訴求，等於在脆弱的兩岸、美台及內部等關係上丟手榴彈。台灣愈強調國家認同，戰略立場就愈薄弱，台灣玩主權遊戲，對台灣未來有弊無利[14]。台灣的機構正名運動事後證明等於是自我矮化的運動[15]。

　　筆者認為，營造台海和平態勢、讓兩岸各自進行內部建設與經濟發展，最符合兩岸人民的利益，也最能確保兩岸各自的「國家安全」。泛綠政黨固不應再蓄意製造、誇大人民集體挫折感，藉強化對中國大陸的敵視來建構台灣主體意識，台灣人民也應認知，對台灣自主尊嚴的期待，必須以維持兩岸和平為前提，並認清台海前途只是強權競逐戲台的現實，畢竟以台灣這樣一個資訊發達的社會，斷無理由出現一群與國際現勢脫節的人民。無論藍綠誰執政，中華民國政府現階段均當以「憲法一中、維持現狀」為兩岸政策指導原則，對內可凝聚台灣多數民意的最大公約數，化解朝野對立，對外取得與美國「一中政策」及北京「一中原則」的最大公約數，讓《反分裂國家法》形同無用武之地，進而開啟兩岸政府間的對話，應是現階段最能營造美中台三方三贏的選擇。任何企圖藉衝撞台海議題獲取國內政治資源的手段，只會讓台灣更進一步被邊緣化。

---

[14] Michael Green, "Taiwan's Strategic Center of Gravity is Its Democracy", Freeman Report February 2006- Vol.4, No.2, http://www.csis.org/media/csis/pubs/frv06v02.pdf

[15] 劉屏，〈台灣正名反矮化　美官員已預見〉，《中國時報》，2007.2.27.A15 版

參、維持兩岸和緩良性互動二十年 累積台灣實力

台灣政局近年出現明顯動盪，對美國而言，台灣政局的不可預測性和政策信用的滑落，將迫使美國降低對台灣政府的期望，也將促使美國考慮增加對北京的倚重，以共維台海地區的和平穩定[16]。基本上，台灣的實力越弱能與大陸協商談判的籌碼也越單薄，也越易被美國所忽視。在美中關係未來可能繼續朝向維持建設性合作、乃至成為全球夥伴之際，台灣應儘快累積自身的實力，以免兩岸關係若出現根本性變化、台灣必須有所抉擇時，因籌碼不足而喪失利益。

筆者認為，既然北京視今後二十年為其國家發展的「戰略機遇期」，台灣當前的國家安全政策，具體目標就應是「維持兩岸和緩良性互動二十年」。而健全的民主法治、清廉的政治、保持強勢的經濟競爭力、正確的國防建軍方向，是維持這項國家安全政策的基本大政方針。民進黨過去執政期間，發生 319 槍擊事件、多位行政首長涉貪污案、第一家庭弊案、國務費案、政府發動行政部門抵制 319 真相調查工作、首長特別費案引發司法界分歧、選舉時操弄統獨意識等，均對台灣民主法治的進步、施政廉能、國際形象造成嚴重損害，也讓台灣競爭力停滯。累積本身優勢、避免台灣在亞太遭邊緣化，是中華民國當前首要的工作。

---

[16] Robert Sutter, "Bush's Korea Policy Gravitates Toward China. Will Taiwan Policy Follow? ", PacNet, No.1, Pacific Forum CSIS, 2004.4.1, http://www.csis.org/pacfor

肆、台灣人應調整思維 讓時間解決兩岸問題

　　面對中國大陸這個力量與影響力越來越強的鄰居，台灣人不應抱著「與對方劃清界線」、「凡事不關己」的自私島民心態，更不應走「去中國化」的錯誤路線，平白放棄自身大好的中華文化優勢地位。台灣人應放開胸懷，自信且勇於與對岸交流及良性競爭。台灣在實施民主的經驗、經濟發展的經驗、司法威信及機制、人民整體教育文化水平等，均遠勝過中國大陸，從歷史宏觀角度上，台灣沒有理由輸掉這場兩岸賽局，更可站在中華文化領航者的角度，讓大陸少走冤枉路，促成兩岸共榮。台灣政府與人民都應該了解，交流除有實質上利益均霑外，更有觀念上的潛移默化，讓大陸人民看到台灣能法辦權貴、連總統及第一親家也不例外；讓大陸人民藉由更多機會，看到台灣人民的生活教育、更勝大陸的中華文化薰陶、服務業管理的進步，讓大陸擁有羨慕並想向台灣學習之心，才是台灣之福。

　　一味要求中國大陸民主不是解決兩岸問題的萬靈丹。西方政治學界有所謂「民主和平論」，認為民主國家間在處理國際紛爭時，由於都是國家採民主政治，傾向於透過內、外部的協調機制等尋求解決之道，因此民主國家間爆發戰爭的機率較低[17]。然而，新崛起的民主國家，其成長茁壯的基礎往往是強烈的民族主義，將使新興民主國家間彼此爆發軍事衝突的可能性難以預測。美國學界已注意到，若中國大陸逐漸成為民主國家，可能會在民族主義驅策下，運用軍事性冒進手段解決台灣問題，而台灣也有可能隨政治民主的發

---

[17] 倪世雄，《當代國際關係理論》（台北：五南，2003），pp.582~584

展，內部出現民族主義力量，對中共採取較激烈措施，甚至宣布台獨，引爆台海危機[18]。台灣民眾須有所領悟。

　　其次，台灣人民必須認清，與中國大陸共蒙經濟發展利益，才是「愛台灣」。美國在台協會台北辦事處長楊甦棣說，兩岸關係越密切，對美台在亞太的利益都有貢獻。台灣進一步開放兩岸經濟關係，可以增強台灣的全球競爭力，也有助於加快中國的現代化，現代化的中國對美國和台灣都是建設性的夥伴[19]。楊氏的說法在筆者看來，不啻為台灣的安全之道指引明路。

　　此外，台灣人在面對兩岸問題上，還應破除「台灣前途只能由台灣人民決定」的不切實際想法。一方面，台灣前途不是台灣人民所能自行決定，而是取決於美中台的互動；另一方面，無論喜歡與否，「台灣與大陸同屬中國」的歷史與法理論述，現階段除在台灣內部產生爭議外，在多數華人圈並無結構性變化。台灣人要求中國大陸必須尊重自己的同時，自己也應該顧及大陸人民的情感，這點美國人都已看出，台灣人沒有理由視而不見。要統要獨、如何統如何獨，交給時間解決，越認清台海問題的本質，就越能在劣勢中求取更多利益，將來越不易有挫折感，僅以此與國人共勉。

[18] 曾復生，《中美台戰略趨勢備忘錄第一輯》，P.210
[19] 〈美國在台協會處長楊甦棣　工商協進會會員大會致詞稿〉，《美國在台協會正式資料》，2007.5.21，http://www.ait.org.tw/zh/news/officialtext/viewer.aspx?id=2007052102

第三節　未來研究展望

　　近年來，大陸涉台事務部門和政策研究機構，已歸納出現階段處理「台灣問題」的策略指導原則，認為在政治上，「一個中國」目標依舊遙不可及，但兩岸經貿往來密切，有可能創造出經濟上的「一個中國」。甚至有研究人士主張建構「兩岸自由貿易協定」，利用經濟來促統。更值得重視的是，在大陸與港澳透過「更緊密經貿夥伴關係安排」（CEPA），形成關係密切的經濟區域，再加上「東協加三」及「中國—東協自由貿易區」的區域整合，兩岸經濟一體化的設計，將使台灣越來越難抗拒，否則即有被邊緣化之虞[20]。《反分裂國家法》代表中共透過「政治一中」與「經濟一中」的手段，操作對台「強硬與懷柔手段交織運用」。

　　《反分裂國家法》因為出現時間不長，其具體顯見的影響還有待評估，但本文嘗試探究出它的戰略意涵，仍可提供未來有志研究相關領域者一個協助。未來研究之展望可包含：一、對美中台三邊互動之研究。舉凡美中共管台海態勢、台灣內部是否出現進一步質變等，均值得深究。二、兩岸法律戰之相關研究，台灣是否能突破反分裂法帶來的箝制、如何在兩岸法律戰中扳回頹勢，亦為值得後續研究課題。三、對兩岸關係和緩前景之研究。兩岸關係走向和解、兩岸人民共蒙其利，當是研究兩岸或台海問題之士所樂見的結局，隨時間延展及可供研究資料增多，反分裂法的後續效應，及其對兩岸關係峻緩的影響，也是待驗證的領域。

---

[20]　〈台灣邊緣化影響兩岸關係〉，《大陸情勢雙週報》，第 1488 期，p.9

參考文獻

一、中文文獻

（一）專書

Jacek Kugler、向駿、王高成等（2006.6），《2050 中國第一？權力轉移理論下的美中台關係之迷思》，台北：博揚文化。

中國民主法制出版社（2005），〈關於反分裂國家法草案的說明〉，《反分裂國家法》，北京：中國民主法制出版社。

王玉民（1994），《社會科學研究方法原理》。台北：洪葉出版社。

王高成（2006），〈2005 年之美中台關係的檢視與展望〉，《世界格局與兩岸關係：和平與發展的展望》。台北：時英。

亓樂義（2006），《捍衛行動——1996 台海飛彈危機風雲錄》，台北：黎明文化。

江澤民（2006.8），〈全面建設小康社會 開創中國特色社會主義事業新局面〉，《江澤民文選第三卷》，北京：人民出版社。

李少軍主編（2005.1），《國際戰略報告》，北京：中國社會科學出版社。

吳玉山（1997），《抗衡或扈從——兩岸關係新詮釋：從前蘇聯看台灣與大陸間的關係》。台北：正中書局。

林中斌（2004.8），《以智取勝》，台北：國防部史政編譯室。

邵宗海（2006），《兩岸關係》。台北：五南。

胡為真（2001），《美國對華一個中國政策之演變》，台北：台灣商務印書館。

胡鞍剛（2007.1），《中國崛起之路》，北京：北京大學。

修春萍（2005），〈試析美國台海政策與亞太利益〉，《中美戰略關係新論》，北京：時事出版社。

倪世雄、王義桅主編（2004），《中美國家利益比較》，北京：時事出版社。

紐先鍾（1998），《戰略研究入門》，台北：麥田出版社。

馬丁‧拉薩特、俞劍鴻（2004），《後鄧小平時期的台灣安全》（Taiwan's security in the Post-Deng Xiaoping Era），台北：國防部史政編譯室。

國防部（2001.11），《中共崛起構成的挑戰：亞洲觀點》（Asian Perspectives on the Challenges of China），台北：國防部史政編譯局。

張五岳（2003），〈中華民國的大陸政策〉，《兩岸關係研究》。台北：新文京。

張亞中、李英明（2000），《中國大陸與兩岸關係概論》。台北：生智。

張亞中、孫國祥（1999），《美國的中國政策——圍堵、交往、戰略夥伴》，台北：生智。

張瑞忠編（2004.11），《輿論戰 心理戰 法律戰 300問》，北京：軍事科學出版社。

許志嘉（2004），《當代中共外交政策與中美關係》，台北：生智。

郭壽旺（2006），〈智庫影響美國兩岸政策之管道〉，《華府智庫對美國臺海兩岸政策制定之影響》。台北：秀威資訊。

陳毓鈞（2006），《胡錦濤時代的中美台動向》，台北：海峽學術。

曾復生（2004），《中美台戰略趨勢備忘錄第一輯》，台北：秀威資訊。

曾復生（2004），《中美台戰略趨勢備忘錄第二輯》，台北：秀威資訊。

黃天才，黃肇珩，（2005），《勁寒梅香－人生紀實》，台北：聯經。

楚樹龍（2006），〈中國的國家利益、國家力量和國家戰略〉，《中國學者看世界 2——國家利益卷》，香港：和平圖書。

楊開煌（2005），《出手——胡政權對台政策初探》。台北：海峽學術。

廖文中主編（2004），《中共軍事研究論文集》，台北：中共研究。

劉建飛、林曉光（2002），《21世紀初期的中美日戰略關係》，北京：中共中央黨校出版社。

樂為良、黃裕美譯（2006.9），《重估中國崛起：世界不能不知的中國強權》，台北：聯經。

鄧小平（1994），〈目前的形勢和任務〉，《鄧小平文選第二卷》，北京：人民出版社。

閻學通（2004.7.20），〈中國不惜一切代價遏制台獨的政策來源〉，《中國戰略》第三期，紐約：多維媒體&美國戰略和國際研究中心 CSIS 共同出版。

閻學通（2005.7），《國際政治與中國》，北京：北京大學出版社。

閻學通（2006.7），〈和平的性質〉，《中國學者看世界5——國際安全卷》，香港：和平圖書。

薄富爾（1996），《戰略緒論》（An Introduction To Strategy）。紐先鍾譯，台北：麥田出版社。

叢文勝等編著（2004.10），《法律戰100例》。北京：解放軍出版社。

蘇起、鄭安國主編（2002），《「一個中國，各自表述」共識的史實》。台北：國家政策研究基金會。

（二）期刊論文及報告

中國國民黨（2006.8.9），〈中國大陸經濟面臨五大挑戰〉，《大陸情勢雙週報》，第1489期。

方德豪（2005.11.23），〈胡錦濤內外新思維 鄭必堅投石問路〉，《亞洲時報在線》。

立法院（200），《立法院公報》，第94卷，第10期，院會記錄。

行政院陸委會（1995），《兩岸關係之回顧與前瞻》。

行政院陸委會（2006），〈大陸情勢〉，p.86。

沈丁立（2005.12.19），〈美國衰落並不一定是好事〉，《學習時報》。

林中斌（2004.10.27），〈不戰而主東亞──北京新大戰略下對台策略〉，
　　陸委會演講。

柳金財（2004.10），〈大陸關於統一法擬議之探討：緣起、內容與侷限〉，
　　《展望與探索》，第 2 卷，第 10 期。

洪陸訓（2006.1），〈中共法律戰與反分裂國家法〉，《展望與探索》，第 4
　　卷第 1 期。

國家安全會議（2006.5.20），〈財經安全的威脅〉，《2006 國家安全報告》，
　　台灣：國家安全會議。

許光泰（2005.4），〈從法律層面評中國反分裂國家法〉，《展望與探索》，
　　第 3 卷第 4 期。

陳長文（2006.1），〈反分裂國家法與聯合國憲章之武力禁用〉，《展望與
　　探索》，第 4 卷第 1 期。

陳雅莉（2005.1.12），〈中美軍方危險地缺少務實對話〉，《華盛頓觀察週
　　刊》，2005 年第 2 期。

陸委會，（2005.4），〈中共反分裂國家法國際宣傳技倆〉，《大陸工作簡
　　報》，台北：陸委會。

章念馳（2004.4.15），〈兩岸關係：現在與未來的反思〉，《鳳凰時評》。

楊永明（1996.2），〈國際法與禁止武力使用和威脅〉，《美歐月刊》，第
　　11 卷第 2 期。

楊開煌（2005.1），〈當前兩岸關係的法律戰〉，《展望與探索》，第 3 卷
　　第 1 期。

楊開煌（2005.4），〈反分裂國家法對兩岸關係之影響〉，《展望與探索》，
　　第 3 卷第 4 期。

蔡琇安（2006），〈國際法「禁止使用武力原則」與台海兩岸關係〉，《問
　　題與研究》，第 46 期，第 1 卷。

鄧衍森（2005.11），〈從國際法論中國反分裂國家法有關法理上之問
　　題〉，《台灣國際法季刊》，第 2 卷第 3 期。

藍天虹（2005.7），〈中共制訂反分裂國家法之研析〉，《陸軍月刊》，第
　　41 卷第 479 期。

（三）報章雜誌

人民日報（2003.12.15），〈中國人民解放軍政治工作條例頒布〉，《人民
　　日報》，1 版。

中央社（2004.12.19），〈俄羅斯支持中共制定反分裂國家法〉，《中央社》。

中央社（2005.3.15），〈歐盟表態　籲兩岸避免升高緊張〉，《中央社》。

中國時報（2005.3.13），〈回應反分裂法 英德、歐盟反對北京升高緊張〉，
　　《中國時報》，A13 版。

中國時報（2005.3.15），〈反分裂法特別報導〉，《中國時報》，A6 版

中國時報（2005.3.15），〈反分裂法通過　溫家寶：非戰爭法〉，《中國時
　　報》，A2 版。

中國時報（2005.3.9），〈本報最新民調 五成六民眾對反分裂法反感〉，《中
　　國時報》，A4 版。

中國時報（2005.3.9），〈解放軍：像路上設的紅綠燈〉，《中國時報》，
　　A3 版。

中國時報（2005.4.22），〈法理解反分裂法　中報以飛機合約〉，《中國時
　　報》，A11 版。

中國時報（2005.4.30）〈歷史性會晤　歐盟表歡迎〉，《中國時報》，A14 版。

中國時報（2005.5.12），〈宋胡會談公報全文〉，《中國時報》，A3 版。

中國時報（2005.6.20），〈正視國民黨抗日史 大陸書店「國殤」再上架〉，
　　《中國時報》，A2 版。

中國時報（2005.9.11），〈胡錦濤：統一還要長時間〉，《中國時報》，A13 版。

中國時報（2007.3.6），〈李肇星：反分裂法不是放著沒用的〉，《中國時報》，A4 版。

仇佩芬（2004.5.11），〈溫家寶：認真考慮訂統一法〉，《聯合報》，.A1 版。

天下雜誌（2006.7），《面對中國》，台北：天下雜誌。

王玉燕（2002.1.25），〈江澤民拍板 錢其琛發言「廣大民進黨員」與「台獨份子」不同〉，《聯合報》第 3 版。

王綽中（2005.9.8），〈北京柔性攻勢 實質有效〉，《中國時報》，A13 版。

王銘義（2005.3.10），〈一法兩譯 兩岸另類宣傳戰〉，《中國時報》，A2 版。

王銘義（2005.3.11），〈非和平方式 徐博東：包括軍、經、外交手段〉，《中國時報》，A2 版。

王銘義（2006.2.23），〈反獨第二步 北京等著美行動〉，《中國時報》A13 版。

王銘義、王綽中（2005.3.15），〈反分裂法通過 溫家寶：非戰爭法〉，《中國時報》，A2 版。

王銘義、羅如蘭、邱慧君（2005.4.30），〈連胡發布和平願景〉，《中國時報》，A1 版。

亓樂義（2006.1.2），〈軍事威懾 對台改採非戰手段〉，《中國時報》，A13 版。

白德華（2006.11.13），〈孫中山誕辰紀念 規格歷來最高 胡錦濤講話 許信良等人出席〉，《中國時報》，A13 版。

白德華（2007.2.9），〈拉近兩岸 北京編閩南方言大辭典〉，《中國時報》，A17 版。

何明國等（2005.3.15），〈宋楚瑜：大陸承認兩岸分治〉，《聯合報》A4 版。

何瑞嘉（2006.2.13），〈中國軍事威脅 布希務實應對〉，《自由時報》，A7 版。

吳志中（2005.11），〈中國反分裂國家法之法律問題〉，《台灣國際法季刊》，第 2 卷第 3 期。

吳典蓉等（2005.3.13），〈反反分裂法 我抗議不挑釁 配合美方〉，《中國時報》，A2版。

李春（2005.3.9），〈主事者位階高 只有修憲可比〉，《經濟日報》，A9版。

李春（2005.3.9），〈用字最少 批示最多 吳邦國、王兆國主導〉，《聯合報》，A3版。

汪莉絹（2005.3.15），〈南北戰爭諭兩岸 溫爭取美同理心〉，《聯合報》，A2版。

汪莉絹（2005.3.19），〈反分裂法的目的 維護台海現狀〉，《聯合報》，A13版。

汪莉絹（2005.3.31），〈國共黨對黨協商 達十點共識〉，《聯合報》，A1版。

汪莉絹、李春（2006.3.6），〈賈慶林首度指示：可接觸鐵桿台獨份子〉，《聯合報》A2版。

於慧堅、陳嘉宏（2005.8.31），〈抗戰勝利60周年活動 正面評價國民黨 中共邀約 郝柏村 許歷農不參加〉，《中國時報》，A13版。

林中斌（2005.3.1），〈胡上江下 對台新局〉，《中國時報》，A4版。

林中斌（2006.3），〈中共輸面子贏裡子〉，《財訊》，2006年3月，p.132

林中斌（2006.3.14），〈認清反分裂法的真正面目〉，《蘋果日報》，A15版

林中斌（2006.5.1），〈新胡四點的深層解讀〉，《中國時報》，A15版。

林中斌（2007.3），〈中共嘗試面對民進黨政府〉，《財訊》第300期。

林妙容（2005.4.18），〈我限制大陸貨品進口 美商會：違反入世承諾〉，《聯合報》，2005.4.18.A12版。

林淑玲（2006.11.22），〈胡錦濤對張忠謀說：把台灣經濟看做跟大陸一樣〉，《中國時報》，A13版。

林淑玲等（2005.3.10），〈扁靜觀國際反應 蓮提聖戰說〉，《中國時報》，A2版。

林寶慶(2005.3.10),〈法隆:非和平解決台海歧異 美當然不願意見到〉,《聯合報》,A13 版。

林寶慶(2006.3.8),〈華納批終統 影響美軍弛援〉,《聯合報》,A1 版。

胡健蘭(2005.4.13),〈歐洲商會:別逼外商選邊站〉,《中國時報》,A13 版。

范姜泰基、王銘義(2006.7.1),〈兩岸關係條例修正 基層公務員與警察開放登陸〉,《中國時報》,A4 版。

韋麗文(2006.6.29),〈台灣人 最佩服國 大陸第三〉,《聯合晚報》,1 版。

張宗智(2005.3.22),〈美參聯主席邁爾斯:兩岸都不准動武〉,《聯合報》,A3 版。

張宗智(2005.3.22),〈美數落北京 卻默認反分裂法〉,《聯合報》,A3 版。

張宗智(2005.4.16),〈美強烈反對反分裂法〉,《聯合報》,A1 版。

張聖岱(1995.3.4),〈中共一政協委員建議 兩岸訂 1999 年統一〉,《聯合報》,2 版。

郭崇倫(2005.3.9),〈草案公布前 兩岸曾透過學者接觸〉,《中國時報》,A2 版。

郭錦萍(2006.5.5),〈張榮發:拼這種外交有意義嗎〉,《聯合報》,A2 版。

陳亦偉(2005.3.14),〈反分裂法通過 林中斌:戰術費苦心 戰略失誤〉,《中央社》。

陳如嬌(2006.5.5),〈長榮設上海營運總部 2009 啟用〉,《中國時報》,A17 版。

陳志平、劉永祥、李順德(2006.2.23),〈李傑:兩岸軍事沒到緊張狀態〉,《聯合報》,A2 版。

陳東旭(2005.3.9),〈大陸學者:關鍵在不要破壞現狀〉,《聯合報》,A3 版。

陳東旭、汪莉絹(2005.3.5),〈中共人大:反分裂法非動武法〉,《聯合報》,A3 版。

陳英姿（2001.7.7），〈辜寬敏：美不接受台獨 但台灣若宣布和大陸統一
　　美能接受嗎？奈伊：只要不戰爭為何不接受？〉，《聯合報》，第2版

陳素秋、陳建勳（2007.2.1），〈棄台獨 引中資 李登輝：我想訪問大陸〉，
　　《壹週刊》。

陳敏鳳（2005.2.25），〈宋：反分裂法 台灣逼出的〉，《聯合報》，A3版。

陳敏鳳（2005.3.25），〈獲悉美不反對 扁決親上街頭〉，《聯合報》，A3版。

陳鳳英（2006.5.5），〈淡出藍綠 企業只管布局大陸〉，《中國時報》，A17版。

傅建中（2004.12.21），〈看美對反分裂法的用字遣詞〉，《中國時報》，
　　A11版。

傅建中（2005.6.10），〈布希總統在兩岸扮演平衡與仲裁的角色〉，《中國
　　時報》，A13版。

曾薏蘋（2006.9.29），〈吳介民對直接宣布台獨有疑慮：正視中國崛起展
　　開對話〉，《中國時報》，A3版。

華英惠（2005.10.25），〈中共紀念台光復 歷來最高規格〉，《聯合報》，
　　A13版。

賀靜萍（2002.3.10），〈王在希：歡迎廣大民進黨員訪問大陸〉，《聯合報》，
　　13版。

黃雅詩（2006.1.9），〈新潮流青壯派 鬧兩岸論壇〉，《聯合報》，A1版。

楊永明（2005.3.10），〈反分裂法 美頂多強硬聲明 不會攤牌〉。《聯合
　　報》，A15版。

楊佩玲（2005.3.12），〈反分裂法 日本明確表態反對〉，《中國時報》，
　　A3版。

楊佩玲（2005.3.15），〈日相小泉：盼對兩岸無負面影響〉，《中國時報》，
　　A6版。

楊開煌（2005.9.17），〈胡錦濤的改革：和平崛起〉，《中國時報》，A4版。

葛珮育（2000.11.24），〈王永慶力促三通 支持一中各表〉，《聯合報》，1版。

劉永祥（2005.3.30），〈外交說帖：反分裂法為侵台鋪路〉，《聯合報》，
　　A13 版。

劉屏（2004.8.20），〈澳外長發言　美強調以美澳紐安全條約為準〉《中國
　　時報》，A13 版。

劉屏（2005.2.3），〈葛林訪北京　交布希信給胡錦濤〉，《中國時報》，A13 版。

劉屏（2005.3.10），〈美穿梭兩岸　兩面應戰〉，《中國時報》，A2 版。

劉屏（2005.3.15），〈布希對中共不悅〉，《中國時報》，A1 版。

劉屏（2005.3.27），〈歐盟成反分裂法最大受害者〉，《中國時報》，A13 版。

劉屏（2006.3.11），〈太平洋美軍司令法倫：美有義務協防台灣　但最好
　　別發生〉，《中國時報》，A12 版。

劉屏（2007.2.27），〈台灣正名反矮化　美官員已預見〉，《中國時報》，
　　A15 版。

劉得倉（2001.6.19），〈王永慶指就合則兩利大原則接受一中主張〉，《中
　　央社》。

蔡惠萍等（2005.3.9），〈綠營：非和平手段就是動武〉，《聯合報》，A2 版。

蔡慧貞（2005.3.3），〈謝揆喊話　別誤判台灣主流民意　堅持和平與尊嚴
　　對等〉，《中國時報》，A3 版。

蔡慧貞、王莫昀（2006.12.31），〈蘇修效應　深綠反彈　蘇揆：兩岸經貿
　　政策開放　總統在制高點〉，《中國時報》，A4 版。

蔡慧貞、林諭林、曾薏蘋（2006.12.27），〈強調憲法一中指現狀　兩岸政
　　策　謝：應兼顧主體性開放性〉，《中國時報》，A4 版。

鄭必堅（2005.11.22），〈中國共產黨在 21 世紀的走向〉，《人民日報海外
　　版》，第 11 版。

黎珍珍、張瑞昌（2005.5.13），〈胡：反分裂法非針對台灣人〉，《中國時
　　報》，A4 版。

蕭旭岑（2005.4.15），〈連戰定月底訪大陸會胡錦濤〉，《中國時報》，A4 版。

蕭富元（2006），〈你了解中國嗎？〉，《面對中國》。台北：天下雜誌。

賴錦宏（2006.1.19），〈抗衡「去中國化」 中共搶救台灣史料〉，《聯合報》，A13 版。

聯合報（1994.5.4），〈台灣人的悲哀 是指島民長久未曾作主〉，《聯合報》，4 版。

聯合報（1996.3.15），〈中共人大常委提議速制訂台灣基本法〉，《聯合報》，10 版。

聯合報（1999.12.29），〈汪道涵智囊提 三階段解決台灣問題〉，《聯合報》，13 版。

聯合報（2002.7.1），〈華府智庫：美應管理台海問題 非尋求永久解決〉，《聯合報》，4 版。

聯合報（2005.3.11），〈共軍將領：兩岸不統一 走不出海洋〉，《聯合報》，A13 版

聯合報（2005.3.26），〈奇美許文龍退休感言〉，《聯合報》，A4 版。

聯合報（2006.2.23），〈馬英九：92 共識確實存在〉，《聯合報》，A2 版。

聯合報（2006.3.20），〈WTO 報告 台灣對大陸順差 580 億美元〉，《聯合報》，A13 版

聯合報民調（2006.1.16），〈兩岸直航 67%支持公投 49%擔心國安〉，《聯合報》，A4 版。

謝公秉（1994.5.20），〈國代要求澄清大是大非 總統：沒說中華民國是外來政權〉，《聯合報》，3 版。

羅如蘭（2005.4.22），〈一中非重點 各表才是底線〉，《中國時報》，A2 版

蘋果日報（2005.3.13），〈你是否響應陳總統號召，參與 3/26 百萬人民護台灣遊行、抗議《反分裂法》〉，《蘋果日報》，A1 版。

（四）網路文獻

〈中央智囊：和平發展棄武力崛起〉，《價值中國》，2006.8.27，
　　http://www.chinavalue.net/showarticle.aspx?id=42017&categoryID=5

人民網（2004.12.29）：〈吳邦國強調認真做好反分裂國家法立法工作〉，
　　《人民網》，http://www.people.com.cn/BIG5/shizheng/1024/3087963.html

人民網：〈胡錦濤談新形勢下對台工作四點意見〉，《人民網》，
　　http://tw.people.com.cn/BIG5/14864/14918/3063025.html

人民網：〈處理台灣問題有新思維〉，《人民網》，
　　http://tw.people.com.cn/BIG5/14811/14869/2372844.html

中國軍網（2007.3.7）：〈曹剛川代表在分組會上發言〉，《中國軍網》，
　　2007.3.7，http://www.chinamil.com.cn/site1/2007ztpd/2007-03/07/content
　　_755546.htm

中國軍網（2007.3.7）：〈梁光烈代表分組會上發言〉，《中國軍網》，
　　http://www.chinamil.com.cn/site1/2007ztpd/2007-03/08/content_7568
　　42.htm

中國軍網（2007.3.7）：〈郭伯雄代表在分組會上發言〉，《中國軍網》，
　　http://www.chinamil.com.cn/site1/2007ztpd/2007-03/07/content_7555
　　47.htm

中國國民黨（2005.3.16），〈胡錦濤對台新思路：從反分裂國家法談起〉，
　　《大陸情勢雙週刊第 1456 期》。http://www.kmt.org.tw

中國國民黨（2005.3.17）：〈中國國民黨對大陸反分裂法的聲明〉，《中國
　　國民黨全球資訊網》，2005 年 3 月 17 日，http://www.kmt.org.tw

中國國民黨（2005.3.24）：〈連戰：兩岸應簽和平協議 不獨不武 30-50
　　年〉，《中國國民黨全球資訊網》，www.kmt.org.tw

中國國民黨（2005.3.24）〈連戰：兩岸應簽和平協議 不獨不武 30-50 年〉，
　　《中國國民黨全球資訊網》，http://www.kmt.org.tw

中國國民黨（2006.1.5）：〈中共發表和平發展白皮書之研析〉，《大陸情勢雙週報》，第 1476 期，http://www.kmt.org.tw

中國國民黨：〈兩會中的對台策略動向〉，《大陸情勢雙週報》，第 1503 期，http://www.kmt.org.tw

中國國民黨：〈兩會中的對台策略動向〉，《大陸情勢雙週報》，第 1503 期，http://www.kmt.org.tw

中國國民黨：〈兩會中的對台策略動向〉，《大陸情勢雙週報》，第 1503 期，http://www.kmt.org.tw

中國國民黨：〈法國總統席哈克訪中國大陸〉，《大陸情勢雙週報》，第 1447 期，中國國民黨全球資訊網，www.kmt.org

中國國民黨全球資訊網（2004.12.30）：〈「國家統一法」提上日程〉，《大陸情勢雙週報》第 1437 期，中國國民黨全球資訊網，www.kmt.org

中國國民黨全球資訊網（2004.8.19）：〈「北京當局看兩岸：杭州、大連集會透露的訊息〉，《大陸情勢雙週報》第 1437 期，中國國民黨全球資訊網，www.kmt.org

中國評論新聞網（2005.10.25），〈彭光謙：兩岸如何共建一個中國〉，《中國評論新聞網》，http://www.chinareviewnews.com/doc/1000/5/2/8/100052878.html?coluid=32&kindid=508&docid=100052878

中國網（2004.3.31）：〈曹剛川在泰國演講：中國決心以和平手段完成崛起〉，《中國網》，http://big5.china.com.cn/zhuanti2005/txt/2004-04/06/content_5531266.htm

中國網（2005.6.17）：〈專家訪談：要警惕台獨恐怖主義的出籠〉，《中國網》，http://big5.china.com.cn/chinese/junshi/589685.htm；

中華人民共和國中央人民政府門戶網站（2002）：〈2002 年政府工作報告〉，《中華人民共和國中央人民政府門戶網站》，http://www.gov.cn/test/2006-02/16/content_201164.htm

中華人民共和國中央人民政府網站（2006.2.28）：〈胡錦濤會見瑞士國防部長重申反對台獨決心〉，《中華人民共和國中央人民政府網站》，http://big5.gov.cn/gate/big5/www.gov.cn/ldhd/2006-02/28/content_213879.htm

中華人民共和國中央人民政府網站（2006.3.2）：〈溫家寶與德國總理通電話高度評價中德間密切合作〉，《中華人民共和國中央人民政府網站》，http://big5.gov.cn/gate/big5/www.gov.cn/ldhd/2006-03/02/content_216483.htm

中華人民共和國國務院新聞辦公室（2000.3）〈一個中國原則與台灣問題〉，《中華人民共和國國務院新聞辦公室》，http://news.xinhuanet.com/zhengfu/2002-11/14/content_630040.htm

王義桅（2006.2.23），〈從和平崛起到和諧世界〉，《新華網》，http://news.xinhuanet.com/comments/2006-02/23/content_4215250.htm

王緝思，〈美國霸權與中國崛起〉，《中國國關在線》，http://www.irchina.org/news/view.asp?id=1077

外交部（2005.9.14）：〈「第六十屆聯大總務委員會審議相關友我提案」〉，《外交部新聞說明會紀要》，2005 年 9 月 14 日，http://www.mofa.gov.tw；

外交部（2006.9.13）：〈「第 61 屆聯大總務委員會審議我案情形」〉，《外交部新聞說明會紀要》，2006 年 9 月 13 日，http://www.mofa.gov.tw

民主進步黨全球資訊網，http://www.dpp.org.tw/

行政院大陸委員會全球資訊網，〈兩岸大事記〉，http://www.mac.gov.tw/

李家泉（2004.05.16），〈中國制訂統一法展現胡溫對台新思維〉，http://www.epochtimes.com/b5/4/5/16/n540509p.htm

李家泉（2004.5.25），〈對制訂國家統一法的看法〉，《大公網》，http://www.takungpao.com/news/2004-5-25/TA-264319.htm

李際均（2003.12.11），〈以軍事為後盾的和平統一〉,《華夏經緯》,
　　http://big5.huaxia.com/js/jswz/00156250.html

時殷弘（2006.5.11），〈美國在適應中國的發展〉,《新華網》,
　　http://news.xinhuanet.com/world/2006-05/11/content_4533254.htm

國務院（2006.12）:〈2006 年國防白皮書〉,《2006 年中國的國防》,國
　　務院新聞辦公室 , http://news.xinhuanet.com/politics/2006-12/29/
　　content_5546076.htm

張世平（2006.9.5）,〈實現和平崛起亟需中國擁有強大軍力〉,《人民網》,
　　http://military.people.com.cn/BIG5/1076/52984/4781482.html

陸委會（1995.5）:〈民意調查（民國 88 年 3 月 28 日～4 月 1 日）「民眾
　　對當前兩岸關係之看法」結果摘要〉,《陸委會網站》,
　　http://www.mac.gov.tw/

陸委會（1999.5）:〈民意調查（民國 88 年 3 月 28 日～4 月 1 日）「民眾
　　對當前兩岸關係之看法」結果摘要〉,《陸委會網站》,
　　http://www.mac.gov.tw/

陸委會（2005.03）:〈台灣民眾對過去一年兩岸關係及近期中共制定「反
　　分裂國家法」的看法〉,《陸委會網站》, http://www.mac.gov.tw/ ;

陸委會（2005.04）:〈大陸情勢〉,《陸委會網站》, http://www.mac.gov.tw/

陸委會（2005.04）:〈中共「反分裂國家法」國際宣傳伎倆〉,《大陸工
　　作簡報》, http://www.mac.gov.tw/big5/mlpolicy/mwreport/94/9404.pdf

陸委會（2005.3）:〈台灣民眾對過去一年兩岸關係及近期中共制定「反
　　分裂國家法」的看法〉,《陸委會網站》, http://www.mac.gov.tw/

陸委會（2005.3.13）:〈國內民意對中共「反分裂國家法」內容之反應〉,
　　《陸委會網站》, http://www.mac.gov.tw/

陸委會（2005.3.8）：〈中共審議「反分裂國家法」完全暴露武力侵略本質〉，《陸委會新聞稿》，2005 年 3 月 8 日，http://www.mac.gov.tw/index.htm

陸委會（2006.2）：〈民國 94 年民眾對大陸政策及兩岸關係的看法綜合分析報告〉，《陸委會網站》，http://www.mac.gov.tw/

陸委會（2007.2）：〈民國 95 年民眾對大陸政策及兩岸關係的看法綜合分析報告〉，《陸委會網站》，http://www.mac.gov.tw/

陸委會（2007.4）：〈民意調查——民眾對當前兩岸關係之看法〉，《陸委會網站》，http://www.mac.gov.tw/big5/cnews/ref960504.pdf

陸委會：〈台灣地區民眾對中共制訂「反分裂國家法」的看法〉，《陸委會網站》，http://www.mac.gov.tw/

華夏經緯網（2005.1.26）：〈反分裂國家法將審議 江八點為立法基礎之一〉，《華夏經緯網》，http://big5.huaxia.com/zt/pl/05-005/2005/00283930.html

新華網（2002.11.17）：〈江澤民在黨的十六大上所做的報告〉，《新華網》，http://news.xinhuanet.com/newscenter/2002-11/17/content_632290.htm

新華網（2003.2.14）：〈2002 年中國的國防〉，《新華網》，http://news.xinhuanet.com/zhengfu/2003-02/14/content_729004.htm

新華網（2004.11.16）：〈胡錦濤同巴西華僑華人共話中國如何強盛與振興〉，《新華網》，http://news.xinhuanet.com/overseas/2004-11/16/content_2223469.htm

新華網（2004.11.20）：〈胡錦濤主席會見美國總統布希〉，《新華網》，http://news.xinhuanet.com/world/2004-11/20/content_2241550.htm

新華網（2004.12.17）：〈一綱四目〉，《新華網》，http://big5.xinhuanet.com/gate/big5/news.xinhuanet.com/taiwan/2004-12/17/content_2346414.htm

新華網（2004.3.14）:〈溫家寶總理會見中外記者〉,《新華網》,
　　http://www.xinhuanet.com/zhibo/20040314c/zhibo.htm

新華網（2004.4.24）:〈聚焦博鰲亞洲論壇:胡錦濤闡述中國發展戰略〉,
　　《新華網》, ttp://news.xinhuanet.com/newscenter/2004-04/24/content
　　_1437967.htm

新華網（2004.4.9）:〈中國的國際地位和外交政策〉,《新華網》,
　　http://news.xinhuanet.com/newscenter/2004-04/09/content_1411273.htm

新華網（2004.5.12）:〈國台辦:中國政府會認真考慮制訂國家統一法〉,
　　《新華網》, http://news.xinhuanet.com/taiwan/2004-05/12/content_
　　1465809.htm

新華網（2004.8.22）〈授權發佈:胡錦濤在鄧小平誕辰百年紀念大會上
　　的講話〉,《新華網》, http://news.xinhuanet.com/newscenter/2004-08
　　/22/content_1856283.htm

新華網（2005.12.22）〈國務院新聞辦發表《中國的和平發展道路》白皮
　　書〉,《新華網》, http://news.xinhuanet.com/politics/2005-12/22/content
　　_3954937.htm

新華網（2005.3.4）:〈胡錦濤提出新形勢下發展兩岸關係四點意見〉,《新
　　華網》, http://news.xinhuanet.com/tai_gang_ao/2005-03/04/content_
　　2649922.htm

新華網（2005.6.17）〈台灣曾密謀攻擊上海〉,《新華網》,
　　http://news.xinhuanet.com/herald/2004-06/17/content_1531371.htm

新華網（2005.7.12）〈胡錦濤會新黨訪問團 提出發展兩岸關係 4 點看
　　法〉,《新華網》, http://news.xinhuanet.com/taiwan/2005-07/12/content
　　_3211527.htm

新華網（2005.8.31）：〈「鐵血」全國公映 再現國民黨正面戰場對日作戰〉，《新華網》，http://news.xinhuanet.com/mil/2005-08/31/content_3427534.htm

新華網（2005.9.14）：〈胡錦濤與布希共同會見記者〉，《新華網》，news.xinhuanet.com/world/2005-09/14/content_3488699.htm

新華網（2005.9.16）：〈胡錦濤在聯合國成立 60 周年首腦會議上的講話〉，《新華網》，http://big5.xinhuanet.com/gate/big5/news.xinhuanet.com/world/2005-09/16/content_3496858.htm

新華網（2005.9.3）：〈胡錦濤：在紀念中國人民抗日戰爭暨世界反法西斯戰爭勝利 60 週年大會上的講話〉，《新華網》，http://news.xinhuanet.com/newscenter/2005-09/03/content_3438800.htm

新華網（2006.3.16）：〈中華人民共和國國民經濟和社會發展第十一個五年規劃綱要〉，《新華網》，http://news.xinhuanet.com/misc/2006-03/16/content_4309517.htm

新華網（2006.3.16）：〈受權發佈：中華人民共和國國民經濟和社會發展第十一個五年規劃綱要（全文）〉，《新華網》，http://news.xinhuanet.com/misc/2006-03/16/content_4309517_23.htm

新華網（2006.3.5）：〈郭伯雄：堅決捍衛國家安全統一和領土主權完整〉，《新華網》，http://news.xinhuanet.com/misc/2006-03/05/content_4261714.htm

新華網（2006.4.16）：〈胡錦濤會見連戰和參加兩岸經貿論壇的台各界人士〉，《新華網》，http://big5.gov.cn/gate/big5/www.gov.cn/ldhd/2006-04/16/content_255504.htm

新華網（2006.4.16）：〈胡錦濤會見連戰和參加兩岸經貿論壇的台各界人士〉，《新華網》，http://big5.gov.cn/gate/big5/www.gov.cn/ldhd/2006-04/16/content_255504.htm

鄭必堅（2003.11.24），〈中國和平崛起新道路和亞洲的未來〉，《中國網》，http://big5.china.com.cn/chinese/OP-c/448115.htm

總統府（2000.5.20）：〈中華民國第十任總統、副總統就職慶祝大會〉，《總統府新聞稿》，http://www.president.gov.tw

總統府（2005.1.20）：〈總統在台南接受日本每日新聞社及下野新聞社聯合專訪〉，《總統府新聞稿》，2005 年 1 月 20 日，http://www.president.gov.tw

總統府（2005.3.1）：〈總統晚上透過視訊會議與歐洲議會議員及新聞媒體進行對話〉，《總統府新聞稿》，2005 年 3 月 1 日，http://www.president.gov.tw

總統府（2005.3.10）：〈總統應邀出席「美國商會」所舉辦一年一度的「謝年飯」〉，《總統府新聞稿》，2005 年 3 月 10 日，http://www.president.gov.tw

總統府（2006.1.29）：〈總統與台南鄉親歡聚新年團圓餐敘〉，《總統府新聞稿》，www.president.gov.tw

總統府（2006.2.27）：〈總統主持國安高層會議〉，《總統府新聞稿》，www.president.gov.tw

總統府（2006.3.14）：〈總統接受美國華盛頓郵報專訪問答內容〉，《總統府新聞稿》，www.president.gov.tw

總統府（2006.4.3）：〈總統會晤中國國民黨主席馬英九〉，《總統府新聞稿》，www.president.gov.tw

總統府（2007.3.4）：〈總統出席「台灣人公共事務會」（FAPA）25 週年慶祝晚宴〉，《總統府新聞稿》，2007.3.4，www.president.gov.tw

聯合國網站：《聯合國憲章》，http://www.un.org/chinese/aboutun/charter/chapter7.htm

二、英文文獻

2006 REPORT TO CONGRESS OF THE U.S.-CHINA ECONOMIC AND SECURITY REVIEW COMMISSION, 2006.11.16, http://www.uscc.gov/annual_report/2006/06_annual_report_contents.php

Alastair Iain Johnston (2003 Spring). Is China a status quo power? *International Security.* Vol. 27, No.4, pp.49~56

The Commission on America's National Interests (2000.7). America's National Interests

Australian Strategic Policy Institute (2006.2). In the Balance: China's unprecedented growth and implications for the Asia-Pacific. p4

Richard L.Armitage, Joseph S.Nye (2007). The US-Japan Alliance: Getting Asia Right through 2020, (Washington, D.C.: CSIS, 2007.2), pp.3~12

Bureau of East Asian and Pacific Affairs (2006.4.18), *US-China Relations, Fact sheet*, http://www.state.gov/p/eap/rls/64715.htm

Jeffrey A.Bader, Richard C. Bush III (2007). Contending with the Rise of China, (Washington, D.C.: The Brookings Institution, 2007), pp.1~15

Dennis C.Blair, Carla A.Hills (2007). U.S.-China Relations: An Affirmative Agenda, A Responsible Course, (New York: CFR, 2007), pp.77~94

Thomas J.Christensen (2001), China Strategic Asia 2001-02: Power and Purpose, (Seattle&Washington, D.C.: NBR, 2001) pp.30~33

Roger Cliff, Mark Burles, Michael S.Chase, Derek Eaton, Kevin L.Pollpeter, Thomas J.Christensen&Michael A.Glosny (2003). Sources of stability in Us-China security relations, *Strategic Asia 2003-04*: Fragility and Crisis, (Seattle&Washington, D.C. NBR, 2003), pp.57~58

Thomas J.Christensen (2003). PRC Security Relations with the United States: Why Things Are Going So Well, *China Leadership Monitor*, No.8, (Fall 2003) pp.1~9

Michael R.Chambers (2006). Rising China: The Search for Power and Plenty, *Strategic Asia 2006-07*: Trade, Interdependence, and Security, (Seattle&Washington, D.C.: NBR, 2006), pp.65~109

Confirmation Hearing by Secretary-Designate Colin L. Powell, Washington, DC, 2001.1.17,
http://www.state.gov/secretary/former/powell/remarks/2001/443.htm

Daily Press Briefing (2006.2.21),
http://www.state.gov/r/pa/prs/dpb/2006/61817.htm

Daily Press Briefing (2006.2.27),
http://www.state.gov/r/pa/prs/dpb/2006/62221.htm

Daily Press Briefing (2007.2.9). Taiwan: Naming of State-Owned Enterprises and Offices, Question Taken at the Daily Press Briefing,
http://www.state.gov/r/pa/prs/ps/2007/february/80364.htm

Daily Press Briefing (2007.3.5),
http://www.state.gov/r/pa/prs/dpb/2007/mar/81396.htm

Global Intelligence Challenges 2005: Meeting Long-Term Challenges with a Long-Term Strategy,
http://armed-services.senate.gov/statemnt/2005/March/Goss%2003-17-05.pdf

Ithaca: RAND. (2007), Entering the Dragon's Lair: Chinese Antiaccess Strategies and Their Implications for the United States, pp.111~116

Glenn Kessler (2006), Rice Sees Bright Spot In China's New Role Since N. Korean Test, *Washington Post*, 2006.10.22, Page A21

Chong-Pin Lin (1996). The Power of Projection Capabilities of the People's Liberation Army, *Chinese Military Modernization*, (Washington D.C.: AEI, 1996), pp.111~112

Chong-Pin Lin (1996.6). The Military Balance in the Taiwan Straits, *China Quarterly*, p.592

Martin L.Lasater (2003.8.13), The United States Should Adopt a Two-China Policy, *Taiwan Security Research*,
http://taiwansecurity.org/IS/2003/Lasater-081303.htm

Michael D. Maples (2007.1.11), Current and Projected National Security Threats to the United States, *Statement for the Record Senate Select Committee on Intelligence Committee*,
http://intelligence.senate.gov/070111/maples.pdf

Nominee to be Secretary of Defense (2006.12.5,Advance Policy Questions for Dr. Robert M. Gates,
http://armed-services.senate.gov/statemnt/2006/December/Gates%2012-05-06.pdf

Office of the Secretary of Defense (2006). PRC Force Modernization and Security in the Taiwan Strait, *Military Power of the People's Republic of China 2006,* pp.37~41

Press Secretary (2005.9.15). Pesident Bush Meets with Chinese President Hu Jintao. For Immediate Release Office of the Press Secretary,
http://www.whitehouse.gov/news/releases/2005/09/20050913-8.html

Remarks With Chinese Foreign Minister Li Zhaoxing After Their Meeting, Washington.DC, 2004.9.30,
http://www.state.gov/secretary/former/powell/remarks/36641.htm

Robert S, Ross, A realist policy for managing Us-Chna Competition, *Policy Analysis Brief*, http://www.stanleyfoundation.org/publications/pab/pab05china.pdf

Michael D.Swaine, Ashley J.Tellis (2000). Interpreting China's Grand Strategy: Past, Present, and Future, (Ithaca: RAND, 2000), pp.234~245

Michael D. Swaine, James C. Mulvenon (2001). Taiwan's Foreign and Defense Policies: Features and Determinants, (Ithaca: RAND, 2001), Summry, pp.8~10

Robert Suettinger (2003). "Crisis over Taiwan, 1995-96", *Beyond Tiananmen: The Polictics of US-China Relations, 1989-2000*, (Washington, D.C.: Brookings Institution Press, 2003), pp.250~251

Robert L.Suettinger (2004), The rise and descent of peaceful rise, *China Leadership Monitor*, No.12 (Fall 2004), pp.4~6

David Shambaugh (2004/5), China Engages Asia, *International Security*, Vol.29, No.3, pp.73~85

David Shambaugh (2005). China's Military Modernization: Making Steady and Surprising Progress, *Strategic Asia 2005-06*: Military Modernization in an Era of Uncertainty, (Seattle&Washington, D.C.: NBR, 2005), pp68~69

Secretary Condoleezza Rice (2005.3.21). Remarks to the Press in China, *China World Hotel*, http://www.state.gov/secretary/rm/2005/43678.htm

Statement of Chairman Larry M.Wortzel Release of 2006 Annual Report to Congress of the U.S.-China Economic and Security Review Commission, http://www.uscc.gov/annual_report/2006/statement_release.pdf

Robert Sutter (2006.8.3), Hearing on China's Role in the World: Is China a Responsible Stakeholder?, *US-China Economic and Security Review Commission*,
http://www.uscc.gov/hearings/2006hearings/written_testimonies/06_08 _3_4wrts/06_08_3_4_sutter_robert_statement.pdf

Taiwan - Senior Taiwan Officials' Comments on National Unification Council, 2006.3.2,
http://www.state.gov/r/pa/prs/ps/2006/62488.htm

Nancy B.Tucker (2002). If Taiwan Chooses Unification, Should the United States Care? *The Washington Quarterly,* 25: 3 (Summer 2002), pp.24~27

The Full Committee will meet to receive testimony on the Fiscal Year 2008 National Defense Authorization Budget Request from the U.S. Pacific Command and U.S. Forces Korea., Audio Transcript., 2007.3.7,
http://armedservices.house.gov/hearing_information.shtml

The Taiwan Relations Act: The next twenty-five years, *Hearing before the committee on International relations*, 2004.4.21,
http://www.internationalrelations.house.gov/archives/108/93229.pdf

U.S. Ambassador's Residence Bangkok, Thailand (2005.5.4), Remarks at a Press Roundtable in Thailand,
http://www.state.gov/s/d/former/zoellick/rem/45704.htm

United Nations (2002). ZUELAN PRESIDENT HUGO CHAVEZ URGES WORLD LEADERS TO REAFFIRM COMMITMENT TO ADDRESS ROOT CAUSE OF TERRORISM, Press Release, Fifty-seventh General Assembly Plenary, 5th Meeting (PM),
http://www.un.org/News/Press/docs/2002/GA10048.doc.htm

White house (2005.3.14). Press Briefing by Scott McClellan., For Immediate Release,
http://www.whitehouse.gov/news/releases/2005/03/20050314-6.html

White House (2005.5.31), President's Press Conference, For Immediate Release, Office of the Press Secretary,
http://www.whitehouse.gov/news/releases/2005/05/20050531.html

White House (2005.5.5). Press Briefing by Scott McClellan, For Immediate Release,
http://www.whitehouse.gov/news/releases/2005/05/20050505-4.html

Robert B. Zoellick (2005.9.21), Whither China: From Membership to Responsibility?, *Remarks to National Committee on U.S.-China Relations*,
http://www.state.gov/s/d/rem/53682.htm

附件一

《反分裂國家法》大事紀

時間	人物或事件	內容
1996.3	中共全國人大常委會委員、「台灣團」代表林麗韞	提議制定《台灣基本法》，以法律形式把台灣定位為特區政府，以及統一前後的管理方式。
1999.12	海協會會長汪道涵的智囊學者章念馳	撰文建議中共中央，成立『國家統一委員會』，吸納各方人士參加，包括台灣有關人士，並共同起草《台灣基本法》。
2001.3	上海社科院顧問張仲禮	於該年中共全國人大、全國政協開會期間提出建議，呼籲北京應儘快制定國家統一法，使中國統一有法可循。
2002.12	湖北江漢大學法學院教授余元洲	草擬「中華人民共和國國家統一促進法」草案，提出「聯邦制」或「一國兩制」兩種和平統一方案，以及非和平統一的具體行動，草案也提出統一後的經貿措施及貨幣設計，以及促進統一的獎勵措施。
2003.11	台灣立法院通過《公民投票法》	
2004.3	台灣併同總統大選實施第一次公投	
	全國人大代表、華中師範大學教授周洪宇	向全國人大提出「國家統一綱領」建議案，內容包括和平、非和平統一兩種路線，制定大陸版公投對抗台灣地方公投，並建議明訂統一時間表。
	中國軍事科學院少將彭光謙	接受香港大公報專訪表示，依法制獨，應儘快制定「反分裂法」、「祖國統一法」。

2004.5	中共國務院總理溫家寶	在英國接見華僑時，就華僑「中國統一促進會」建議制定統一法時，回應「會認真考慮」。
2004.11	總統陳水扁	參加一項獨派學術研討會致詞時，強調「任內終結中國憲法、2006 年透過公民投票來複決第一部新憲法、2008 年實施台灣新憲法」。
2004.12	中共官方中央電視台	於晚間新聞聯播時表示，將於 12 月 25 至 29 日舉行的全國人大常委會第十三次會議，審議《反分裂國家法》草案。
2005.1	國台辦主任陳雲林	陳雲林赴華府向美方說明《反分裂國家法》內容概要；此外，中共透過不同管道，向美方說明反分裂法的內容只是把 20 多年來的對台政策法律化，並非刻意威脅台灣。
2005.2	美國國家安全會議亞太部門資深主任葛林	葛林在月初抵達北京，攜帶著美國總統布希的親筆信函給中共國家主席胡錦濤，反分裂法相關議題是此次美方關切重點之一。
	美國在台協會（AIT）政治組組長谷立言（Raymond F. Greene）	谷立言拜會民進黨立法院黨團時透露，美國希望中共暫緩《反分裂國家法》立法工作，美方擔心中共立法後恐促成台灣制訂反併吞法，兩岸關係將更緊張。
2005. 3.8	全國人大常委會副委員長王兆國	王兆國在人大會議中說明立法的必要性、起草原則及草案內容，強調以「和平方式」實現國家統一、以「非和平方式」制止台獨勢力。
2005. 3.14	中共第 10 屆全國人大第 3 次會議通過《反分裂國家法》	會中以 2896 票贊成、0 票反對、2 票棄權，正式立法通過，通過當天即由國家主席胡錦濤以第 34 號主席令發布實施。

本研究整理製作（資料來源：《聯合報》、《中國時報》、《新華網》、《大陸情勢雙週報》）

附件二

反分裂國家法全文（英文）

Anti-Secession Law

(Adopted at the Third Session of the Tenth National People's Congress on March 14, 2005)

Article 1 This Law is formulated, in accordance with the Constitution, for the purpose of opposing and checking Taiwan's secession from China by secessionists in the name of "Taiwan independence", promoting peaceful national reunification, maintaining peace and stability in the Taiwan Straits, preserving China's sovereignty and territorial integrity, and safeguarding the fundamental interests of the Chinese nation.

Article 2 There is only one China in the world. Both the mainland and Taiwan belong to one China. China's sovereignty and territorial integrity brook no division. Safeguarding China's sovereignty and territorial integrity is the common obligation of all Chinese people, the Taiwan compatriots included.

Taiwan is part of China. The state shall never allow the "Taiwan independence" secessionist forces to make Taiwan secede from China under any name or by any means.

Article 3 The Taiwan question is one that is left over from China's civil war of the late 1940s.

Solving the Taiwan question and achieving national reunification is

China's internal affair, which subjects to no interference by any outside forces.

Article 4 Accomplishing the great task of reunifying the motherland is the sacred duty of all Chinese people, the Taiwan compatriots included.

Article 5 Upholding the principle of one China is the basis of peaceful reunification of the country.

To reunify the country through peaceful means best serves the fundamental interests of the compatriots on both sides of the Taiwan Straits. The state shall do its utmost with maximum sincerity to achieve a peaceful reunification.

After the country is reunified peacefully, Taiwan may practice systems different from those on the mainland and enjoy a high degree of autonomy.

Article 6 The state shall take the following measures to maintain peace and stability in the Taiwan Straits and promote cross-Straits relations:

(1) to encourage and facilitate personnel exchanges across the Straits for greater mutual understanding and mutual trust;

(2) to encourage and facilitate economic exchanges and cooperation, realize direct links of trade, mail and air and shipping services, and bring about closer economic ties between the two sides of the Straits to their mutual benefit;

(3) to encourage and facilitate cross-Straits exchanges in education, science, technology, culture, health and sports, and work together to carry forward the proud Chinese cultural traditions;

(4) to encourage and facilitate cross-Straits cooperation in combating crimes; and

(5) to encourage and facilitate other activities that are conducive to peace and stability in the Taiwan Straits and stronger cross-Straits relations.

The state protects the rights and interests of the Taiwan compatriots in accordance with law.

Article 7 The state stands for the achievement of peaceful reunification through consultations and negotiations on an equal footing between the two sides of the Taiwan Straits. These consultations and negotiations may be conducted in steps and phases and with flexible and varied modalities.

The two sides of the Taiwan Straits may consult and negotiate on the following matters:

(1) officially ending the state of hostility between the two sides;

(2) mapping out the development of cross-Straits relations;

(3) steps and arrangements for peaceful national reunification;

(4) the political status of the Taiwan authorities;

(5) the Taiwan region's room of international operation that is compatible with its status; and

(6) other matters concerning the achievement of peaceful national reunification.

Article 8 In the event that the "Taiwan independence" secessionist forces should act under any name or by any means to cause the fact of Taiwan's secession from China, or that major incidents entailing Taiwan's secession from China should occur, or that possibilities for a peaceful reunification should be completely exhausted, the state shall employ non-peaceful means and other necessary measures to protect China's sovereignty and territorial integrity.

The State Council and the Central Military Commission shall decide on and execute the non-peaceful means and other necessary measures as provided for in the preceding paragraph and shall promptly report to the Standing Committee of the National People's Congress.

Article 9 In the event of employing and executing non-peaceful means and other necessary measures as provided for in this Law, the state shall exert its utmost to protect the lives, property and other legitimate rights and interests of Taiwan civilians and foreign nationals in Taiwan, and to minimize losses. At the same time, the state shall protect the rights and interests of the Taiwan compatriots in other parts of China in accordance with law.

Article 10 This Law shall come into force on the day of its promulgation.

國家圖書館出版品預行編目

中共《反分裂國家法》的戰略意涵 / 陳亦偉著.
-- 一版. -- 臺北市：秀威資訊科技, 2007. 10
面 ； 公分. -- (社會科學 ; PF0024)
參考書目：面
ISBN 978-986-6732-21-8(平裝)

1. 反分裂國家法 2. 兩岸關係 3. 美國－
外交關係－中國

581.28 96019105

 社會科學類 PF0024

中共《反分裂國家法》的戰略意涵

作　　者 / 陳亦偉
發 行 人 / 宋政坤
執行編輯 / 賴敬暉
圖文排版 / 林欣儀
封面設計 / 蔣緒慧
數位轉譯 / 徐真玉　沈裕閔
圖書銷售 / 林怡君
法律顧問 / 毛國樑　律師
出版印製 / 秀威資訊科技股份有限公司
　　　　　台北市內湖區瑞光路 583 巷 25 號 1 樓
　　　　　電話：02-2657-9211　　　傳真：02-2657-9106
　　　　　E-mail：service@showwe.com.tw
經 銷 商 / 紅螞蟻圖書有限公司
　　　　　台北市內湖區舊宗路二段 121 巷 28、32 號 4 樓
　　　　　電話：02-2795-3656　　　傳真：02-2795-4100
　　　　　http://www.e-redant.com

2007 年 10 月 BOD 一版
定價：290 元

・請尊重著作權・

讀 者 回 函 卡

感謝您購買本書,為提升服務品質,煩請填寫以下問卷,收到您的寶貴意見後,我們會仔細收藏記錄並回贈紀念品,謝謝!

1. 您購買的書名: _____

2. 您從何得知本書的消息?

☐網路書店 ☐部落格 ☐資料庫搜尋 ☐書訊 ☐電子報 ☐書店

☐平面媒體 ☐ 朋友推薦 ☐網站推薦 ☐其他_____

3. 您對本書的評價:(請填代號 1.非常滿意 2.滿意 3.尚可 4.再改進)

封面設計____ 版面編排____ 內容____ 文/譯筆____ 價格____

4. 讀完書後您覺得:

☐很有收獲 ☐有收獲 ☐收獲不多 ☐沒收獲

5. 您會推薦本書給朋友嗎?

☐會 ☐不會,為什麼?_____

6. 其他寶貴的意見:_____

_____

_____

_____

讀者基本資料

姓名: _____ 年齡: _____ 性別:☐女 ☐男

聯絡電話: _____ E-mail: _____

地址: _____

學歷:☐高中(含)以下 ☐高中 ☐專科學校 ☐大學

☐研究所(含)以上 ☐其他_____

職業:☐製造業 ☐金融業 ☐資訊業 ☐軍警 ☐傳播業 ☐自由業

☐服務業 ☐公務員 ☐教職 ☐學生 ☐其他_____

(請沿線對摺寄回,謝謝!)

秀威與 BOD

BOD（Books On Demand）是數位出版的大趨勢，秀威資訊率先運用 POD 數位印刷設備來生產書籍，並提供作者全程數位出版服務，致使書籍產銷零庫存，知識傳承不絕版，目前已開闢以下書系：

一、BOD 學術著作—專業論述的閱讀延伸
二、BOD 個人著作—分享生命的心路歷程
三、BOD 旅遊著作—個人深度旅遊文學創作
四、BOD 大陸學者—大陸專業學者學術出版
五、POD 獨家經銷—數位產製的代發行書籍

BOD 秀威網路書店：www.showwe.com.tw
政府出版品網路書店：www.govbooks.com.tw

永不絕版的故事・自己寫・永不休止的音符・自己唱